백주희 · 최수향 편저

세광음악출판사

반짝쿵 체르니 100 with 하농은 아이들의 눈높이에 맞는 편곡과 테크닉으로 편집된 테크닉 교재입니다. 아이들이 피아노를 배울 때 힘들고 어려워하기보다 배움의 즐거움을 느끼며 지속적으로 실력이 향상되기를 바라는 마음으로 집필하였습니다.

체르니 100 과정에서 꼭 배워야 할 테크닉에 대한 자세한 설명을 첨부하여 단순히 악보만 읽고 넘어가는 레슨이 아닌 제대로 된 테크닉을 배움으로 실력이 향상되는 것을 느끼게 될 것입니다. 이 교재가 가르치는 선생님들은 즐겁고, 배우는 학생들은 행복한, 배움의 장을 열어주기를 기대합니다.

반짝쿵 바이엘에 이어 반짝쿵 체르니 100 with 하농까지 출간하게 도와주신 세광음악출판사와 여러 가지로 조언을 주신 음악학원 원장님들께도 깊은 감사를 드립니다. 마지막으로 이 책을 집필할 수 있게 지혜를 주신 하나님께 감사와 영광을 돌립니다.

저자 백주희

차 례

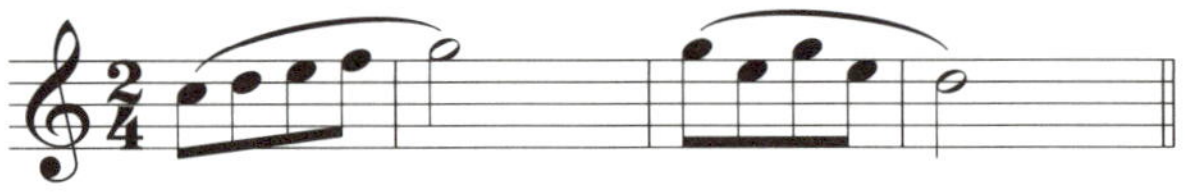

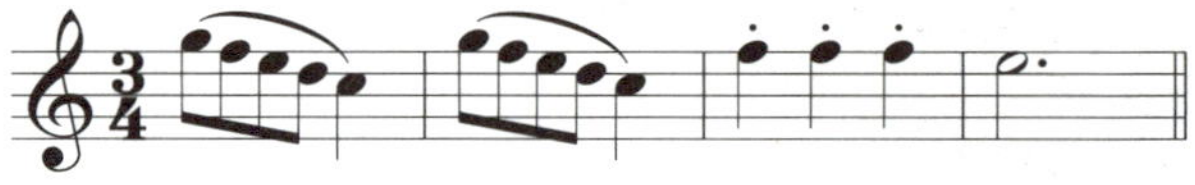

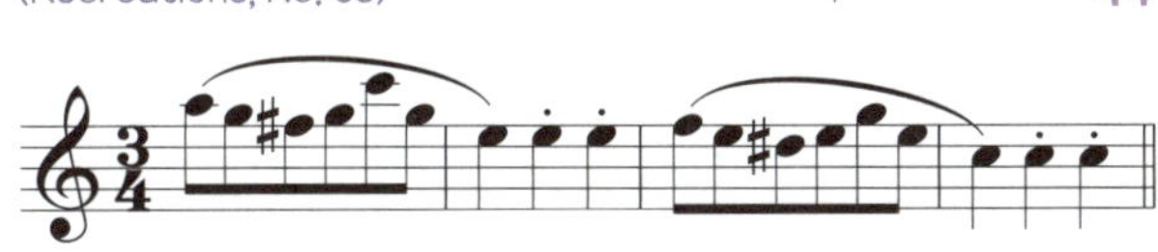

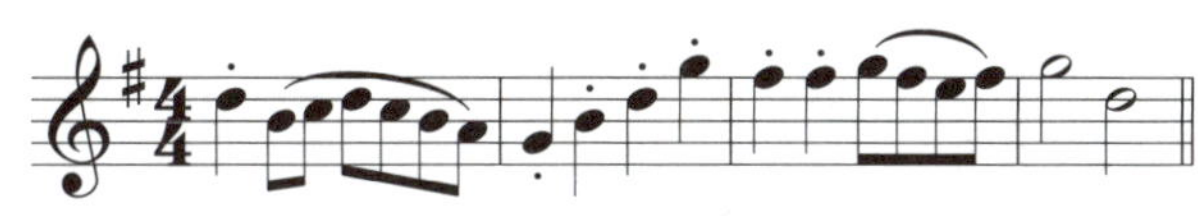

1 같이 가는 선율 진행 연습(병진행)

반짝쿵 테크닉!

왼손 기본방향

손목을 회전하며 손가락을 살짝 들어올리면서 **반짝!**  건반에 깊게 떨어지면서 **쿵!** 

오른손 기본방향

손목을 회전하며 손가락을 살짝 들어올리면서 **반짝!**  건반에 깊게 떨어지면서 **쿵!** 

반짝쿵 테크닉을 생각하며 화살표를 따라 손목을 움직이며 연주해 보세요.

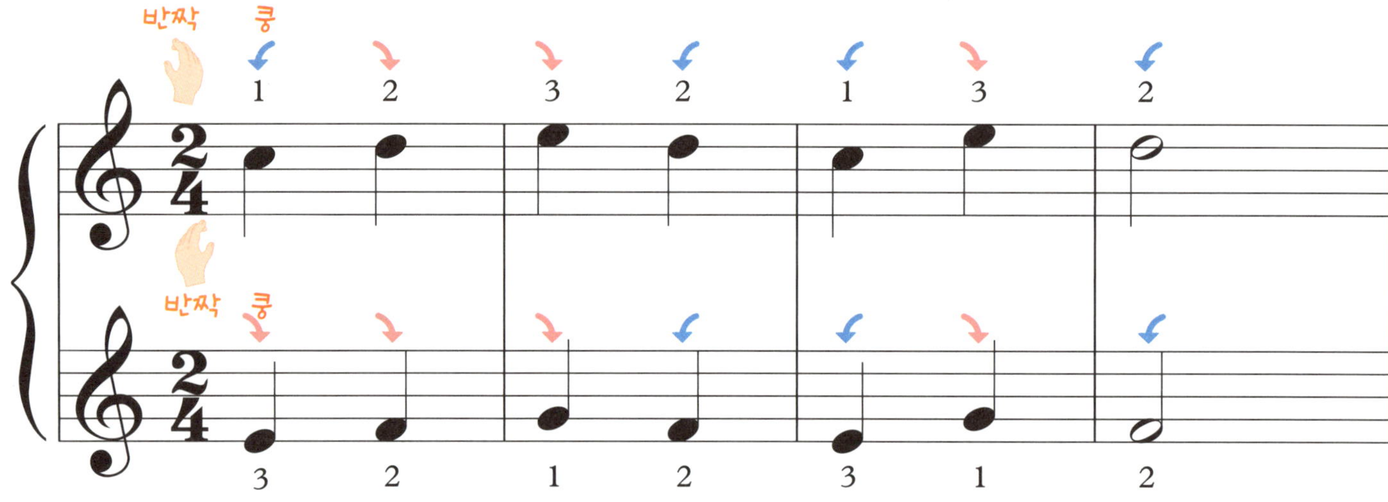

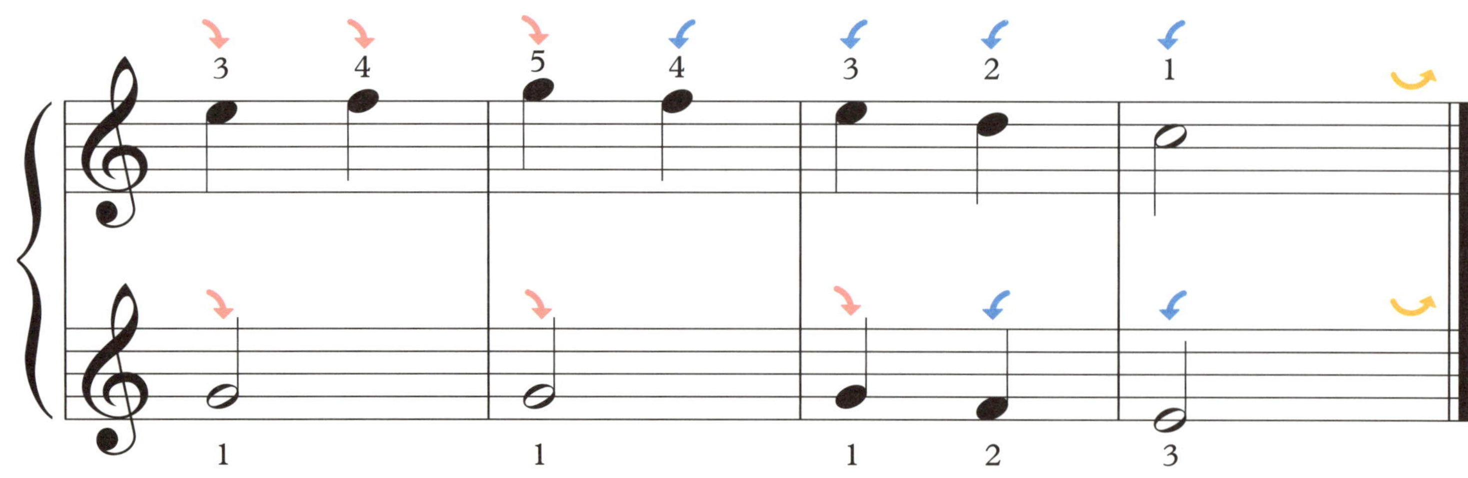

2　반대로 가는 선율 진행 연습(반진행)

화살표를 잘 보고 오른손, 왼손이 반대로 가는 선율을 연주해 보세요.

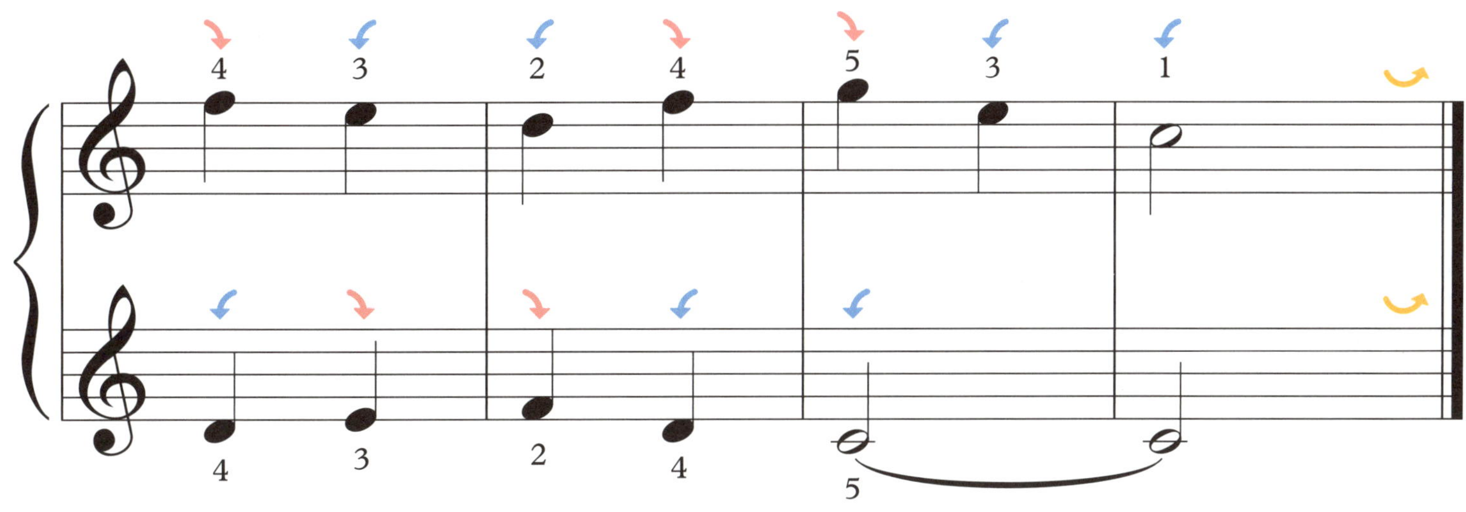

레가토 연습 ❶

Czerny Op.777 No.1

스케이트 주법

반짝쿵 테크닉을 익혔다면 이제는 **스케이트 주법**으로
레가토를 연주해 보세요. 손가락을 펴보세요. 길이가 다 다르죠?

건반 끝으로 스케이트 타듯이 이동한다고 생각하면서
연주해 보세요. 팔이 굳지 않고 편하게 레가토가 된답니다.
이음줄 끝에서는 손목을 살짝 들어주세요.

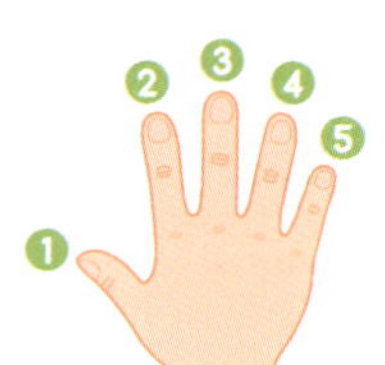
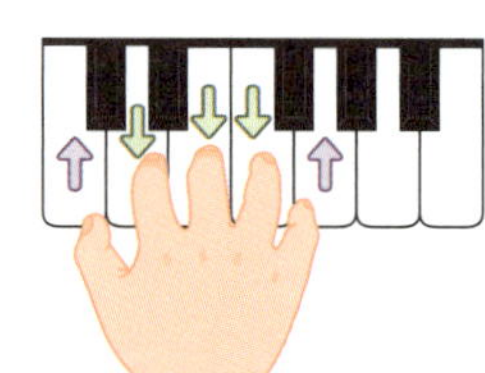

Allegretto (조금 빠르게)

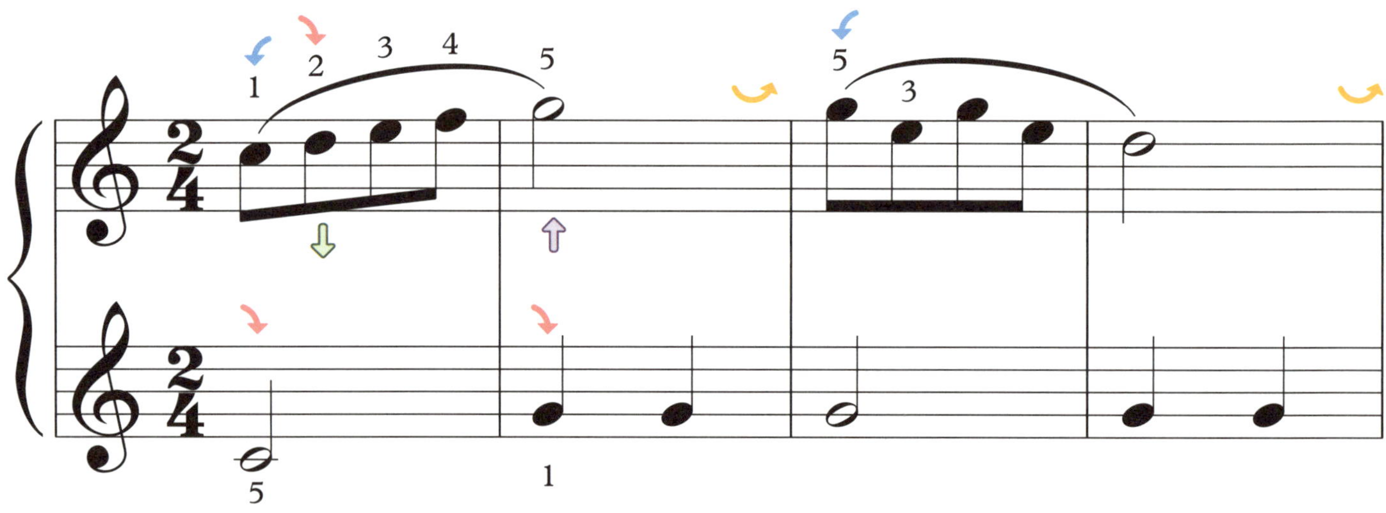

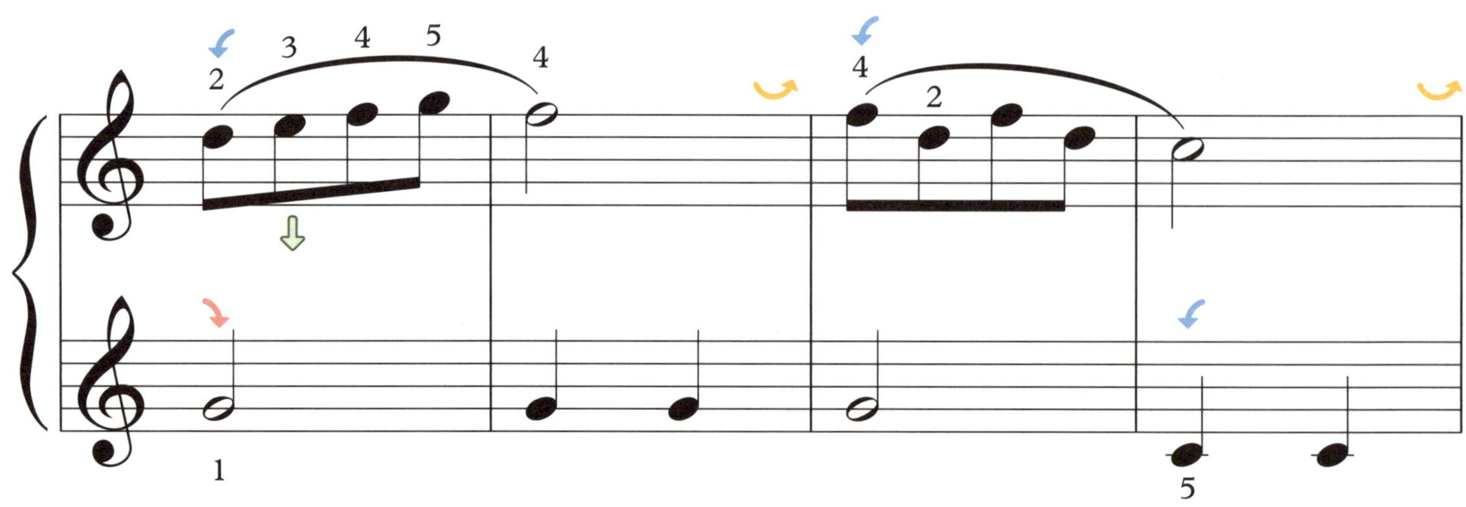

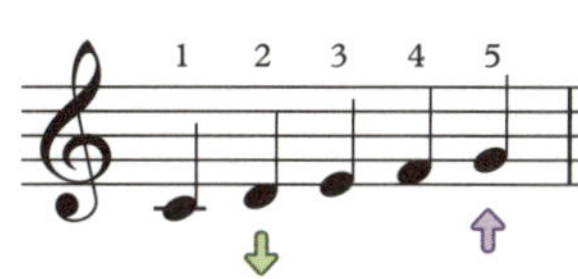

1번을 친 후 2번을 건반 끝으로 ⬇ 스케이트 타기

5번은 건반 안으로 ⬆ 스케이트 타기

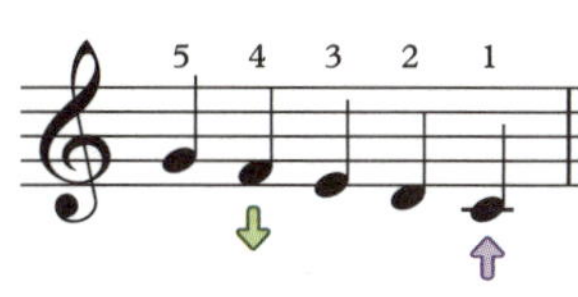

5번을 친 후 4번을 건반 끝으로 ⬇ 스케이트 타기

1번은 건반 안으로 ⬆ 스케이트 타기

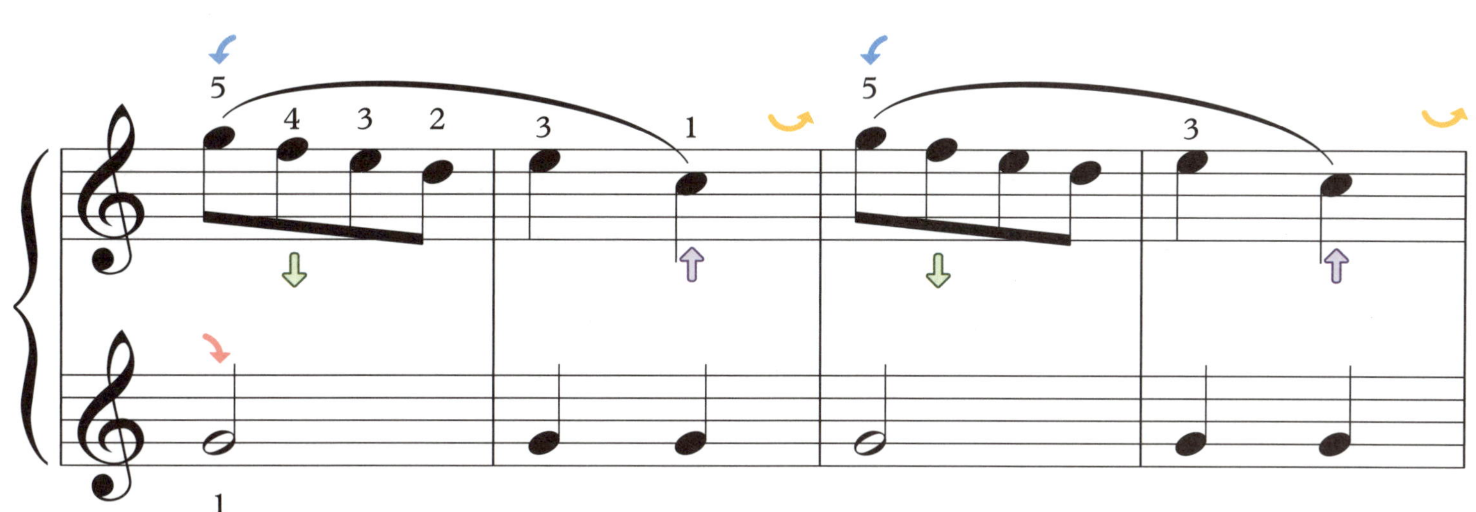

곡이 끝날 때도 양손에
힘을 빼고 릴랙스해주세요.

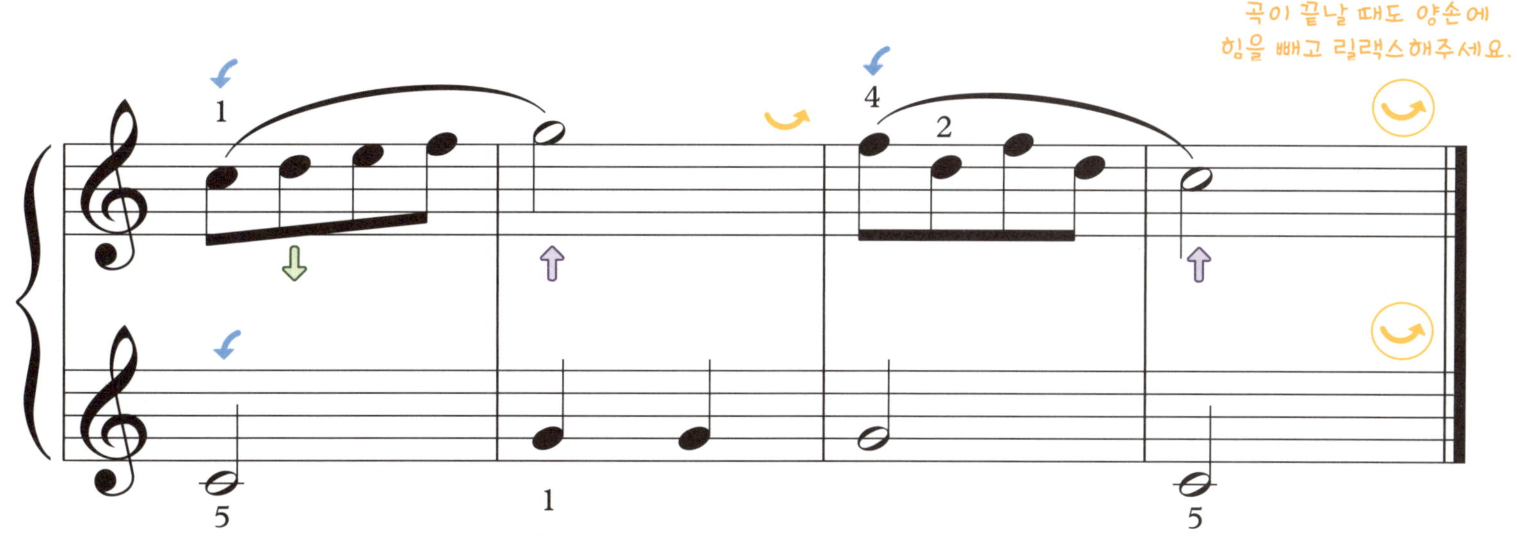

레가토 연습 ❷

Czerny Recreations No.5

Allegro moderato (적당히 빠르게)

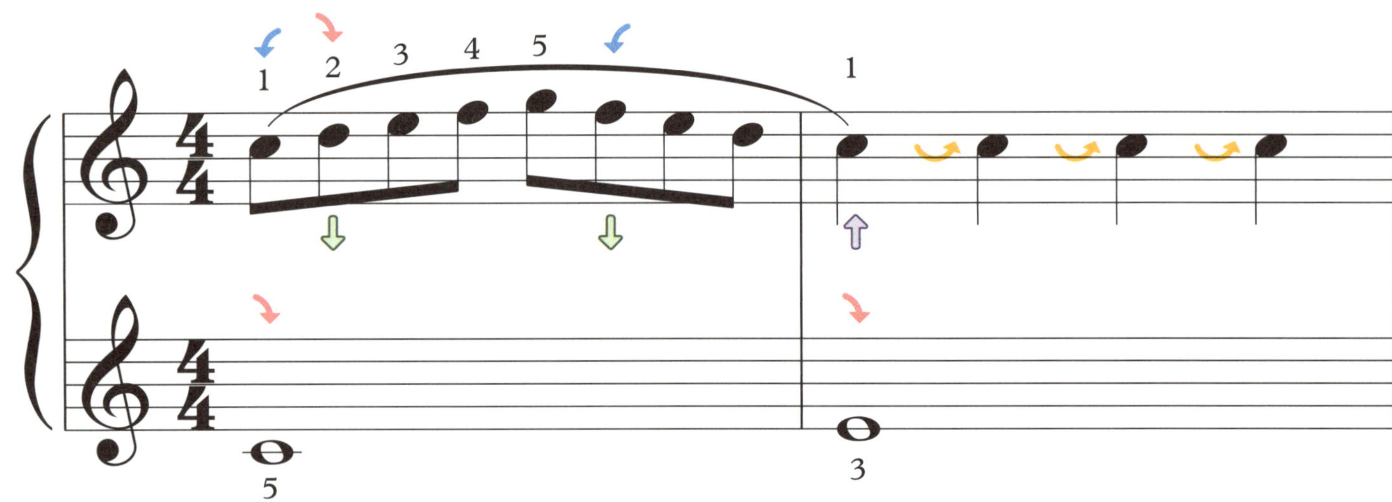

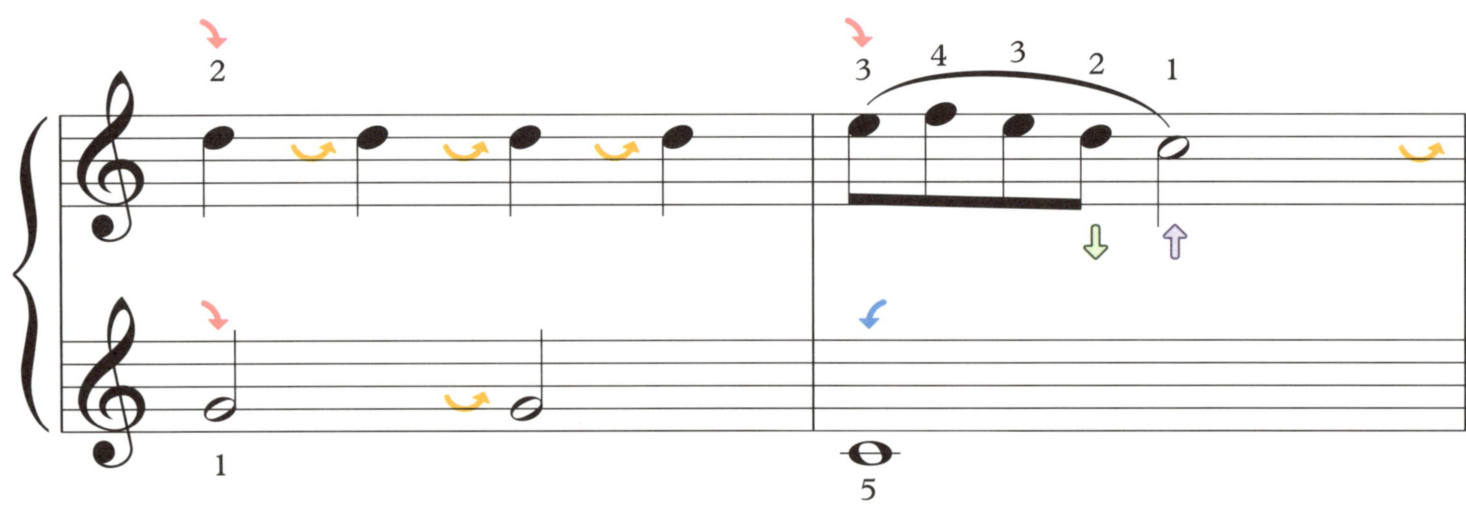

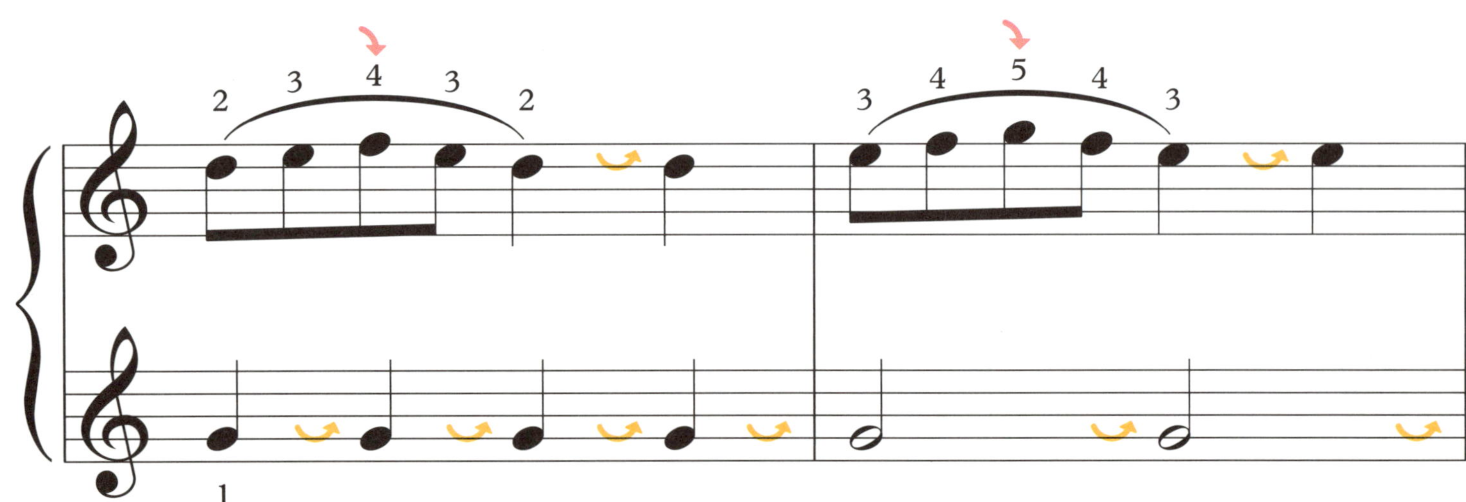

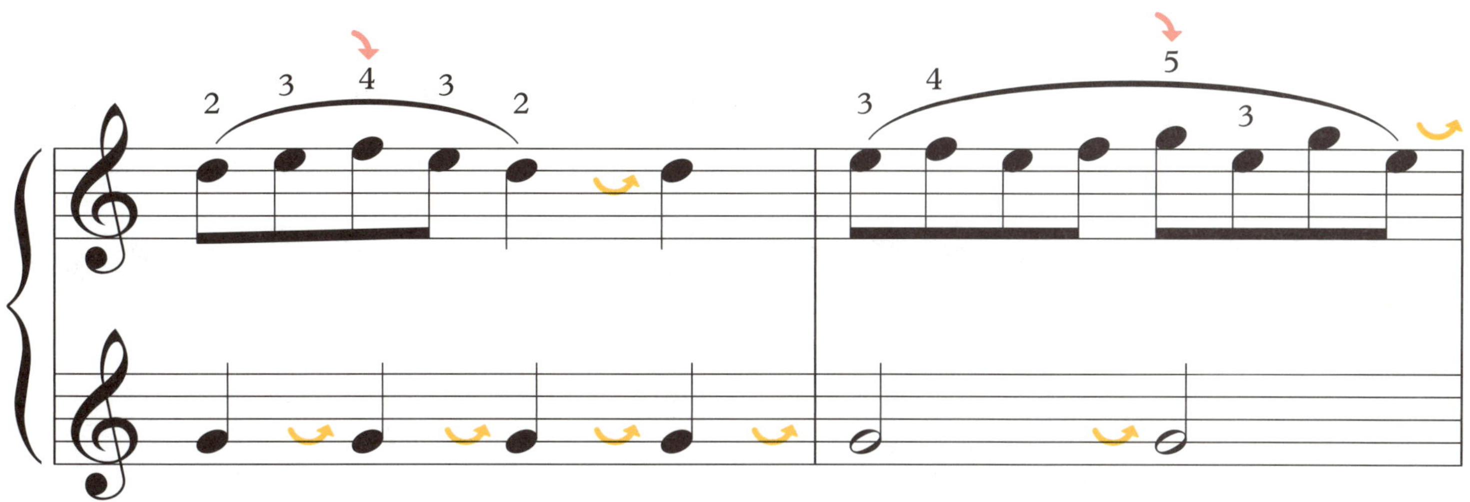

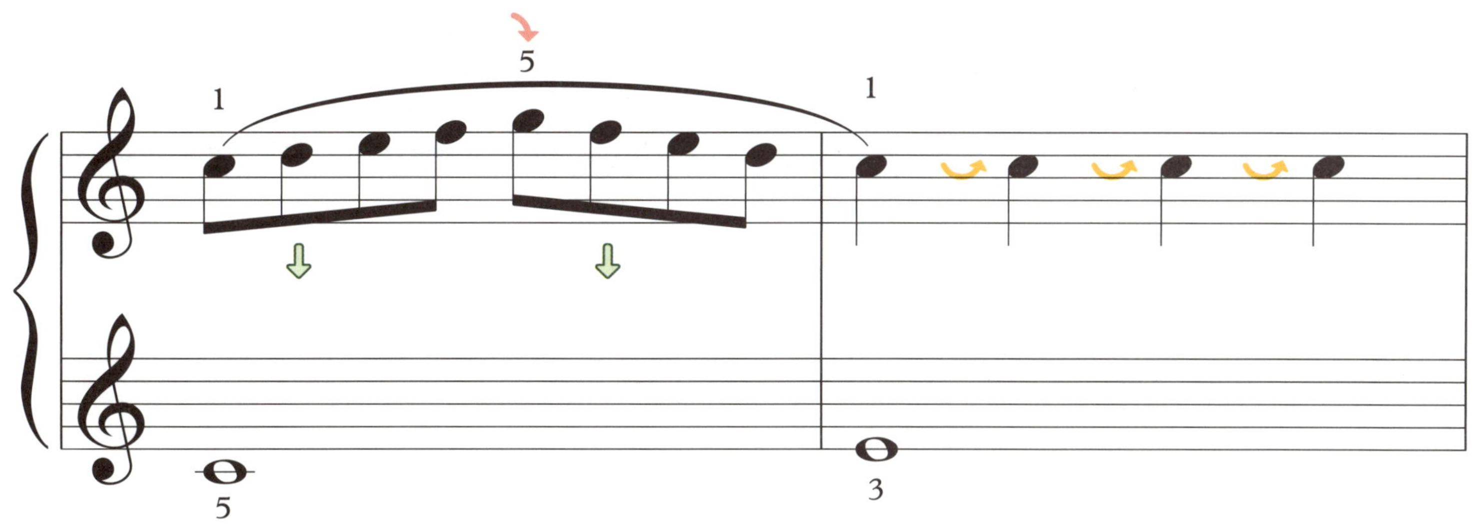

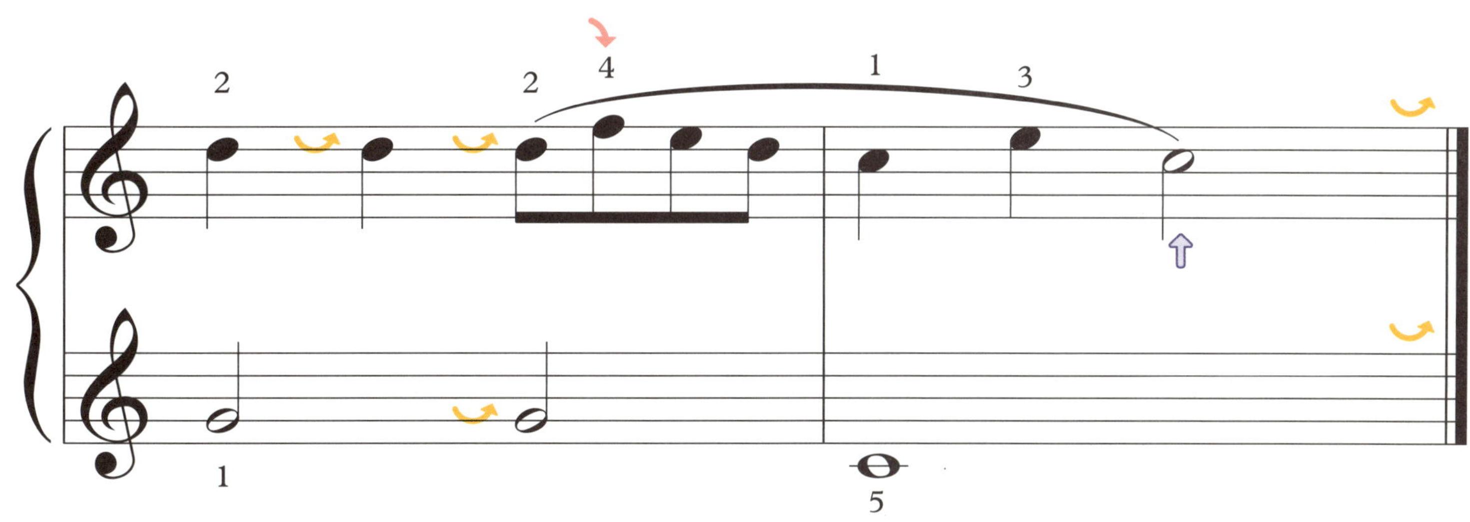

5. 하농으로 연습하는 반짝쿵 테크닉

1 손끝을 단단하게 세워요.
2 팔은 릴랙스~(팔에 힘을 빼요.)
3 화살표를 잘 보고 방향을 지켜 울림 있고 단단한 소리를 내요.

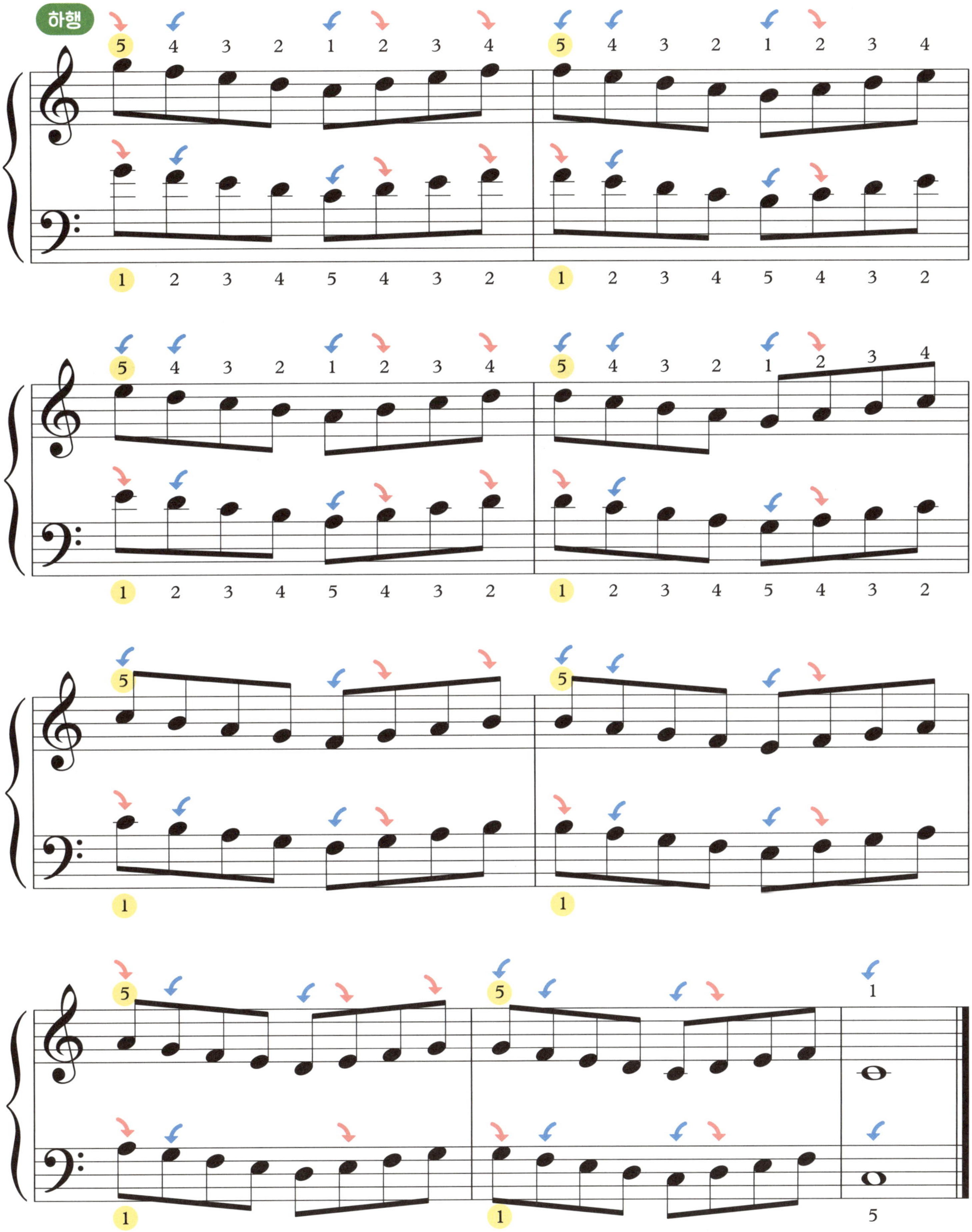

6 하농으로 연습하는 반짝쿵 테크닉

5번 곡을 스타카토로 연습해 보세요.

스타카토 연습하는 반짝쿵 테크닉 Tips

1 건반에 손끝을 세워서 준비하세요.
2 공을 팅기듯 끊어주세요.
3 절대 때리듯이 연주하면 안 돼요. 팔은 언제나 릴랙스~

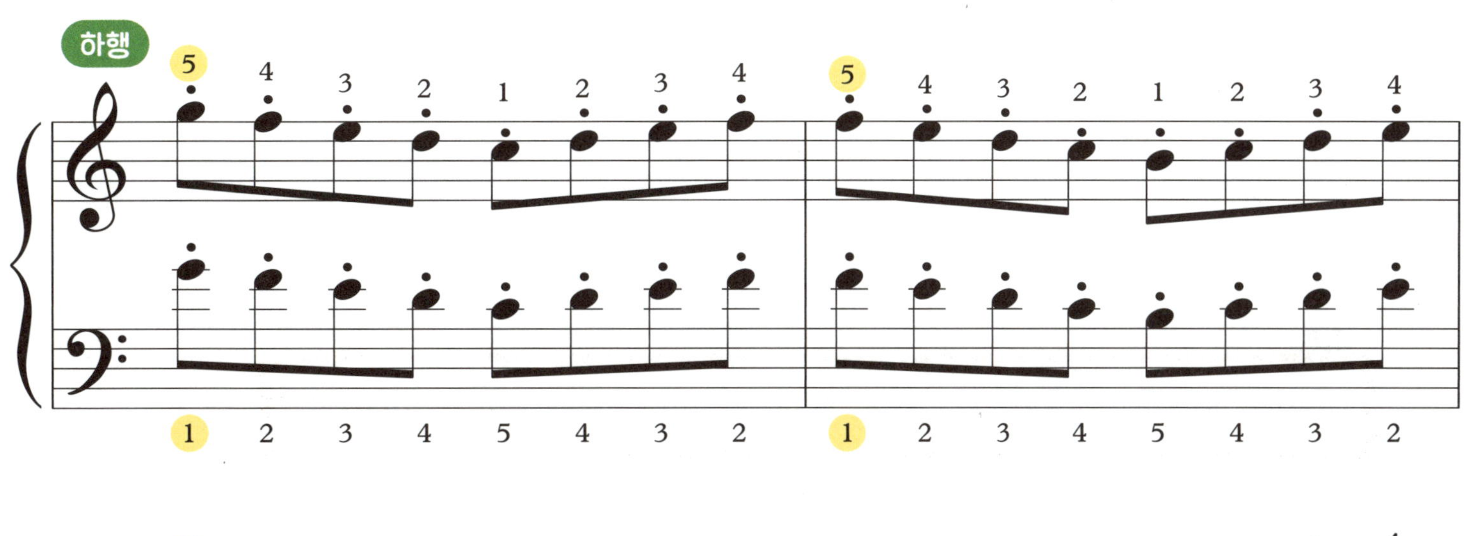

하행

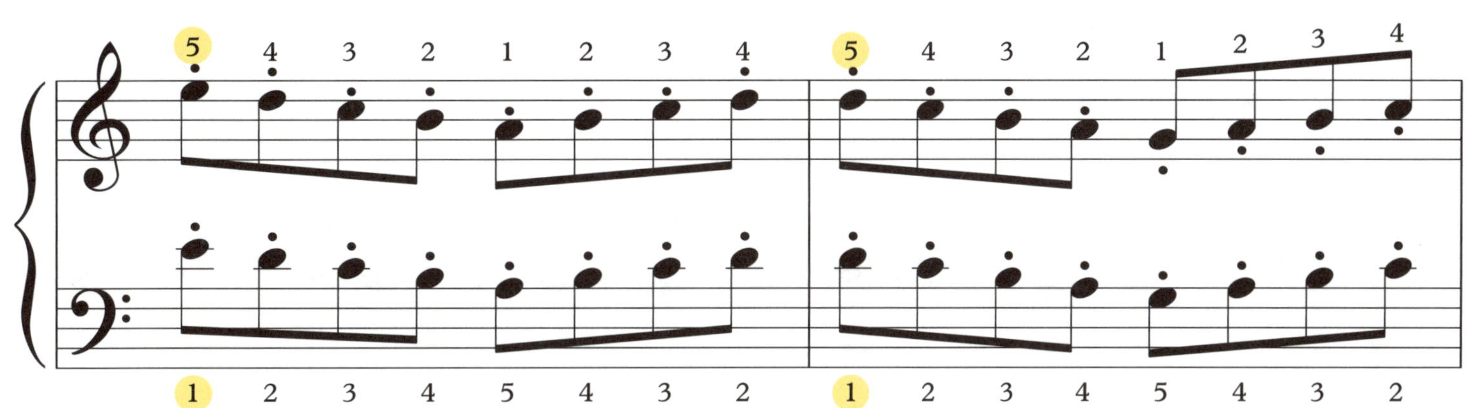

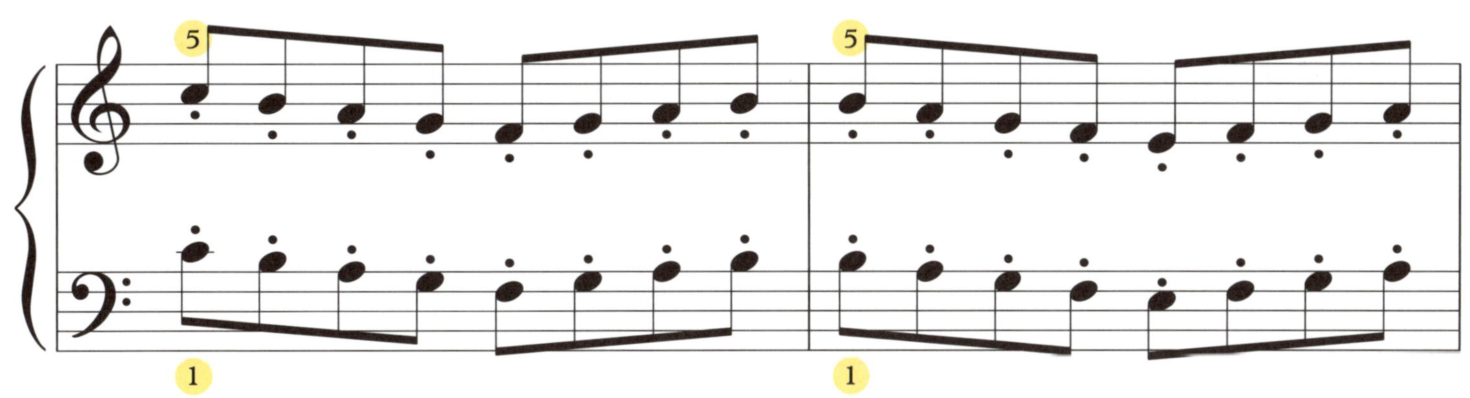

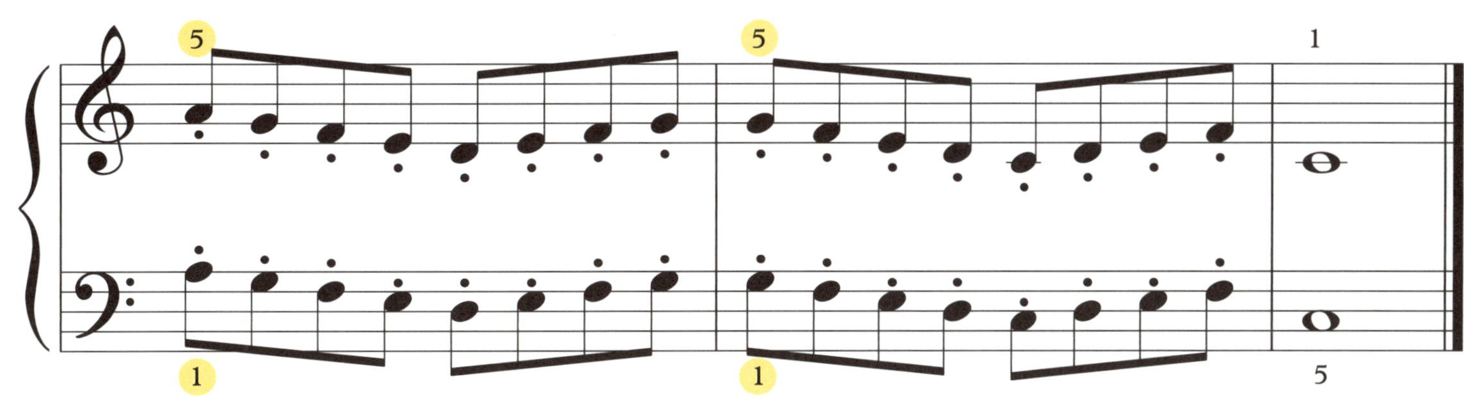

왼손 화성 음정과 8도 도약 연습

Czerny Op.139 No.4

왼손의 5도, 6도 화음의 울림을 잘 들으며, 오른손은 팔을 릴랙스하며 노래하듯이 레가토로 연주하세요.

Andantino (조금 느리게)

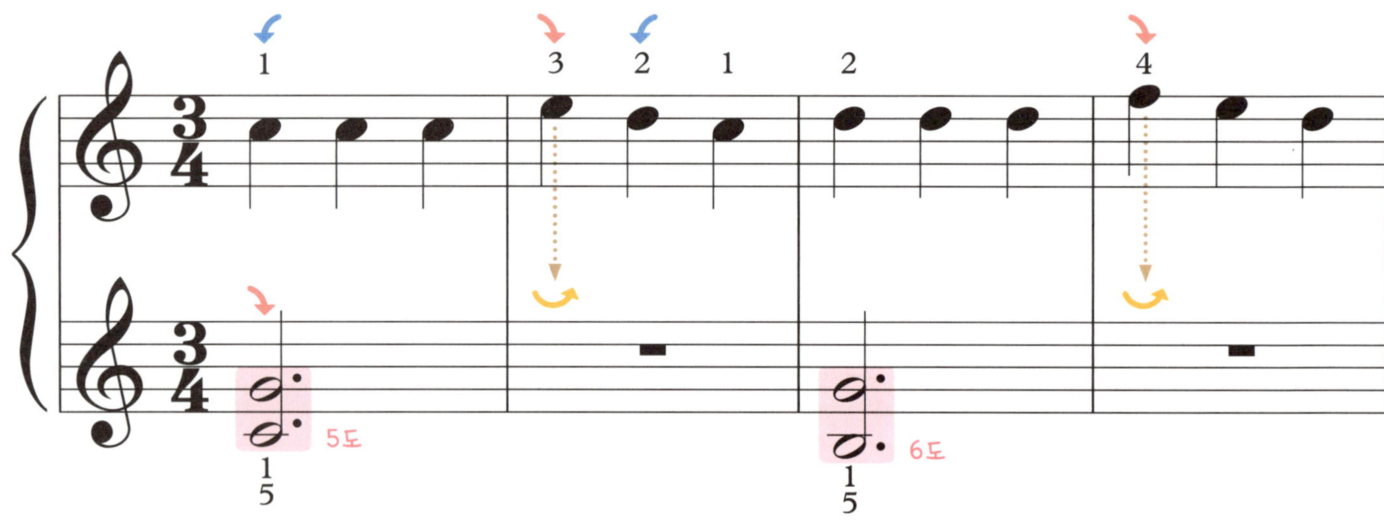

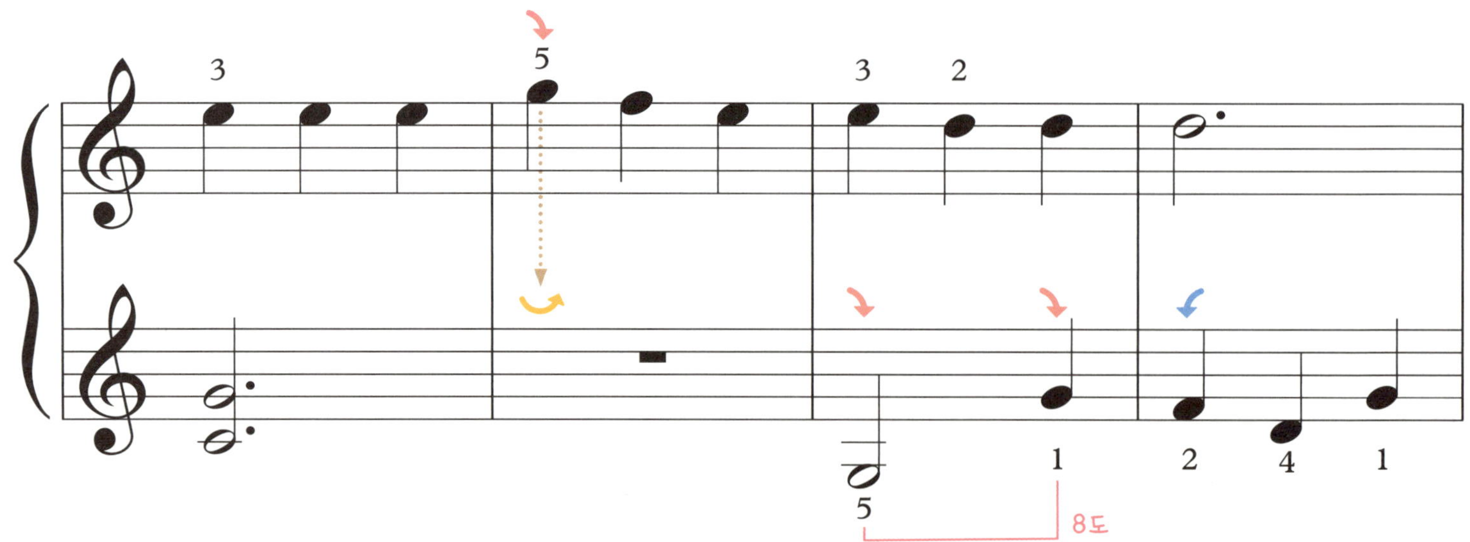

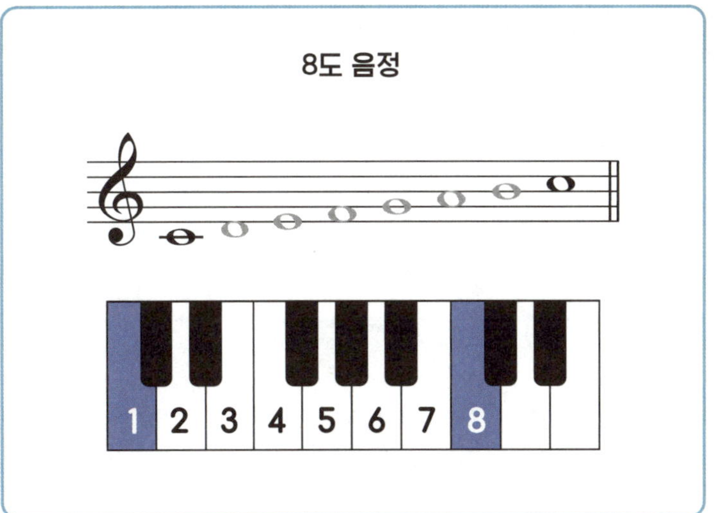

8도 음정
1 2 3 4 5 6 7 8

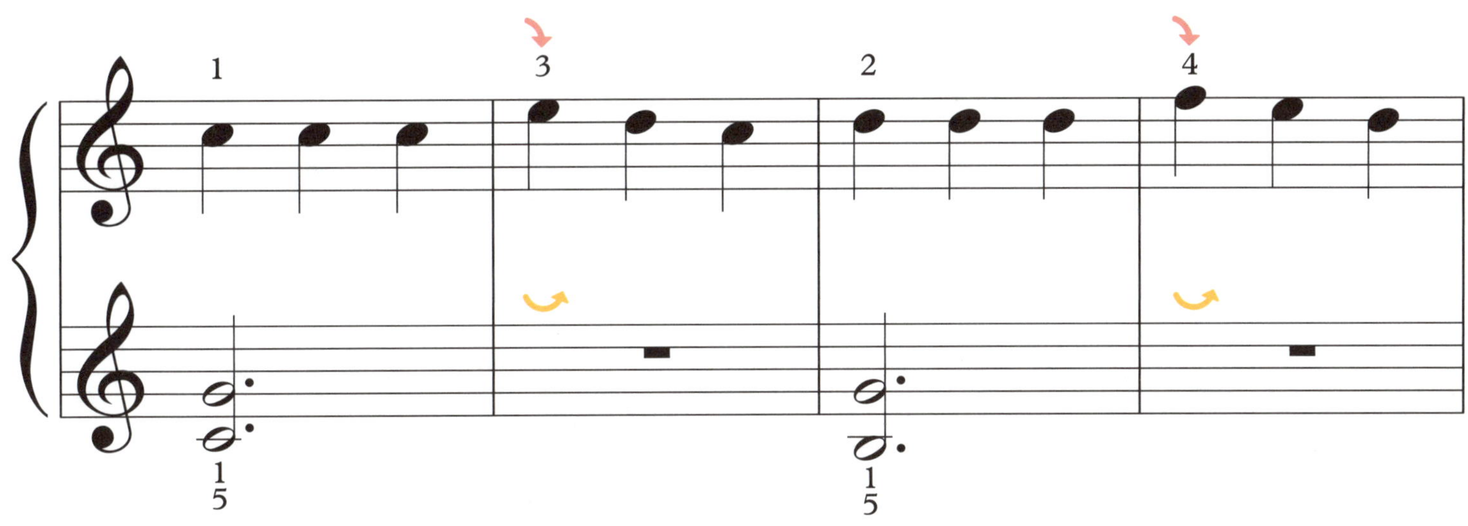

1 3 2 4
5 5

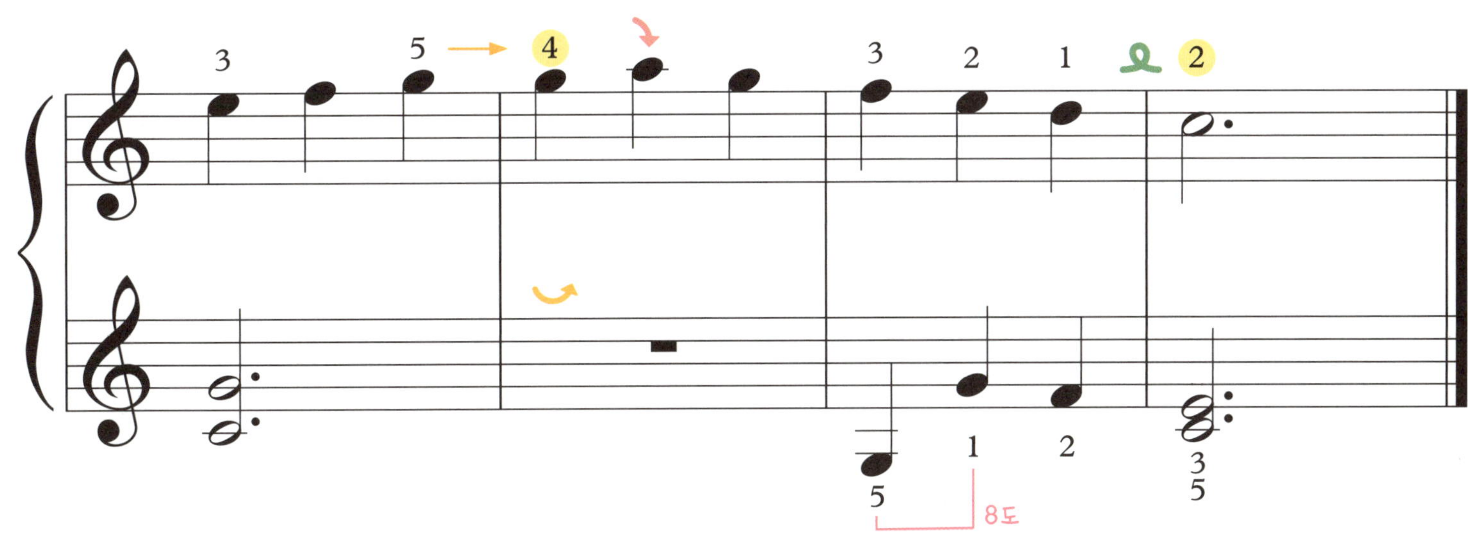

3 5 4 3 2 1 2
5 1 2 3
5
8도

8 이음줄에 의한 긴 프레이즈 연습 Czerny Op.139 No.3

Moderato (보통 빠르기로)

8도 준비

3박자에서의 왼손 가벼운 엄지 연습

Czerny Op.777 No.3

Allegro (빠르게)

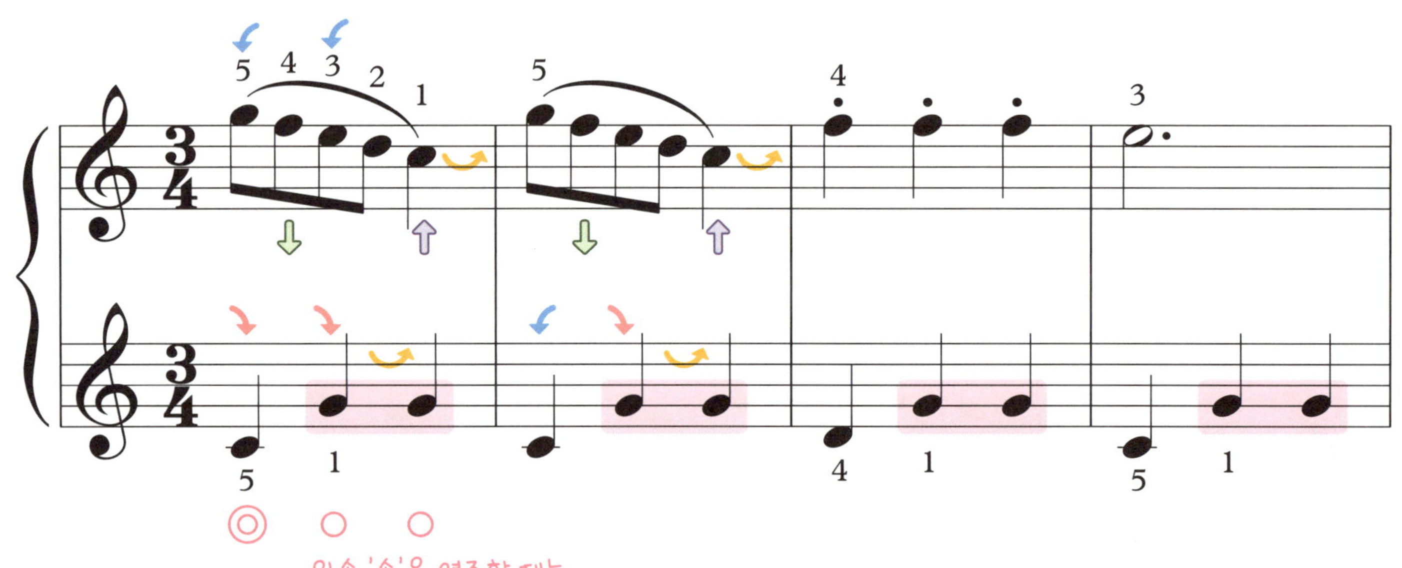

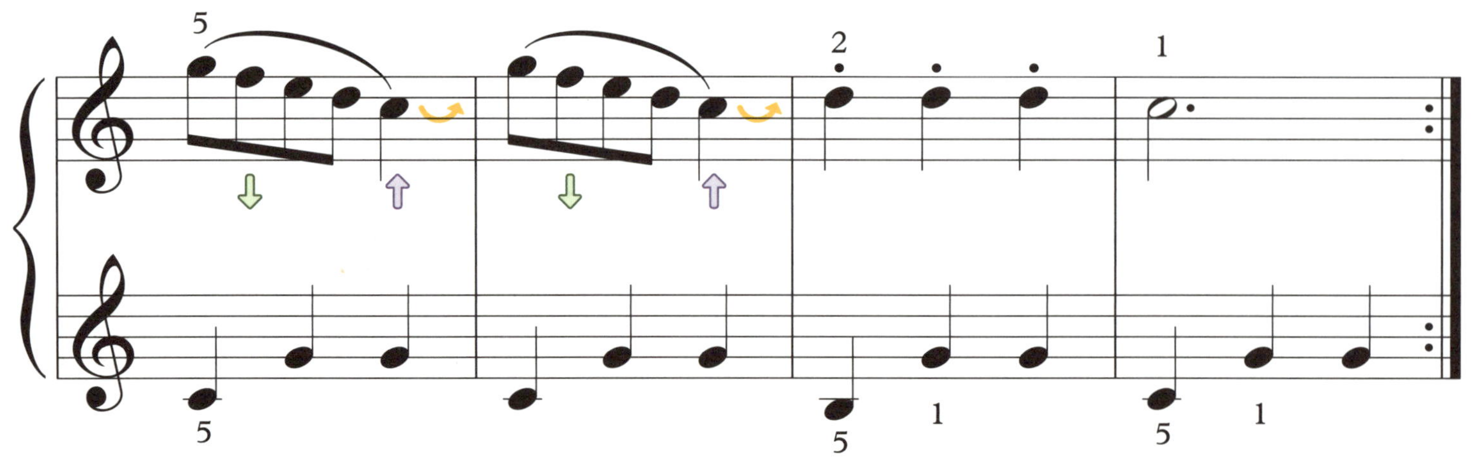

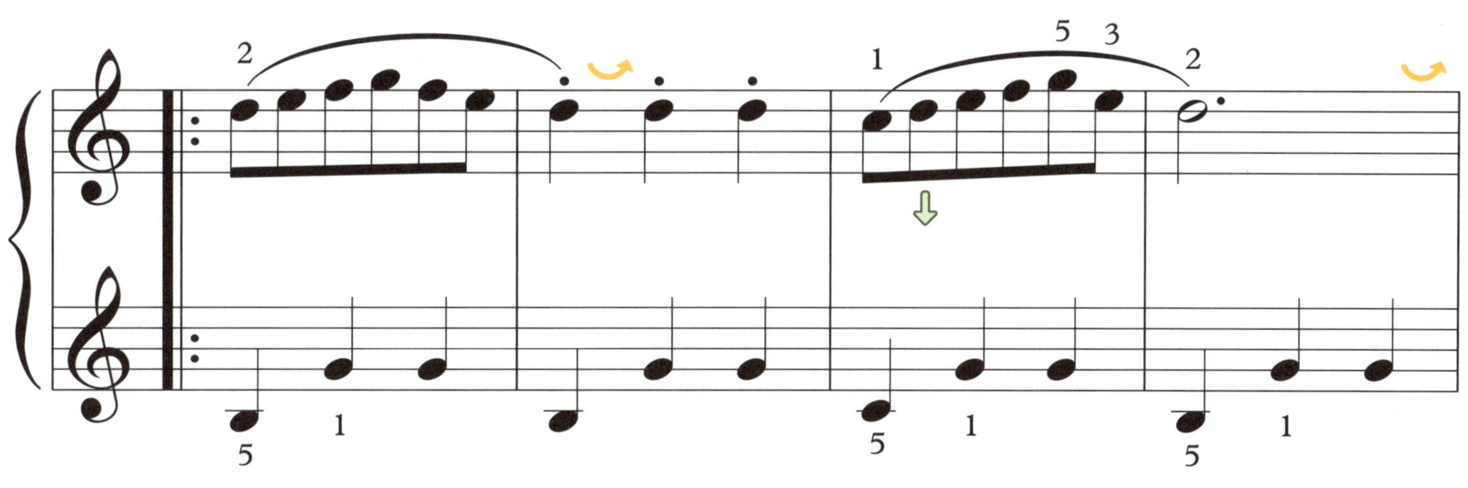

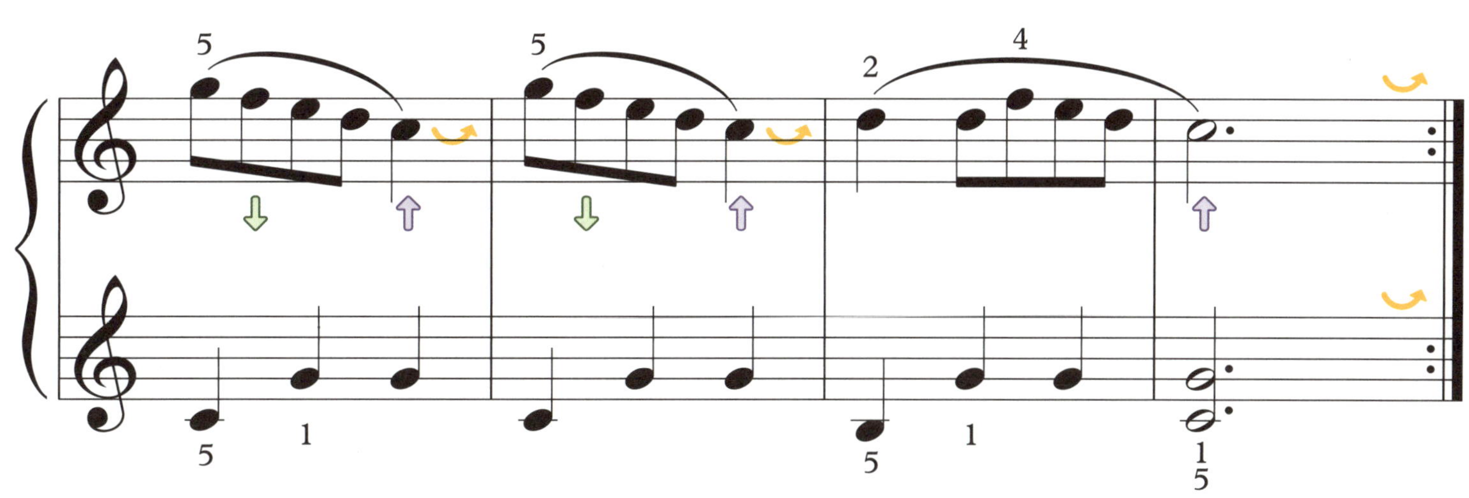

10 확장된 음역의 자리이동 연습

Czerny Op.823 No.18

이음줄 끝에서, 반복음에서, 곡이 끝날 때는 표시가 없어도 손목을 살짝 들어주세요.

Allegretto (조금 빠르게)

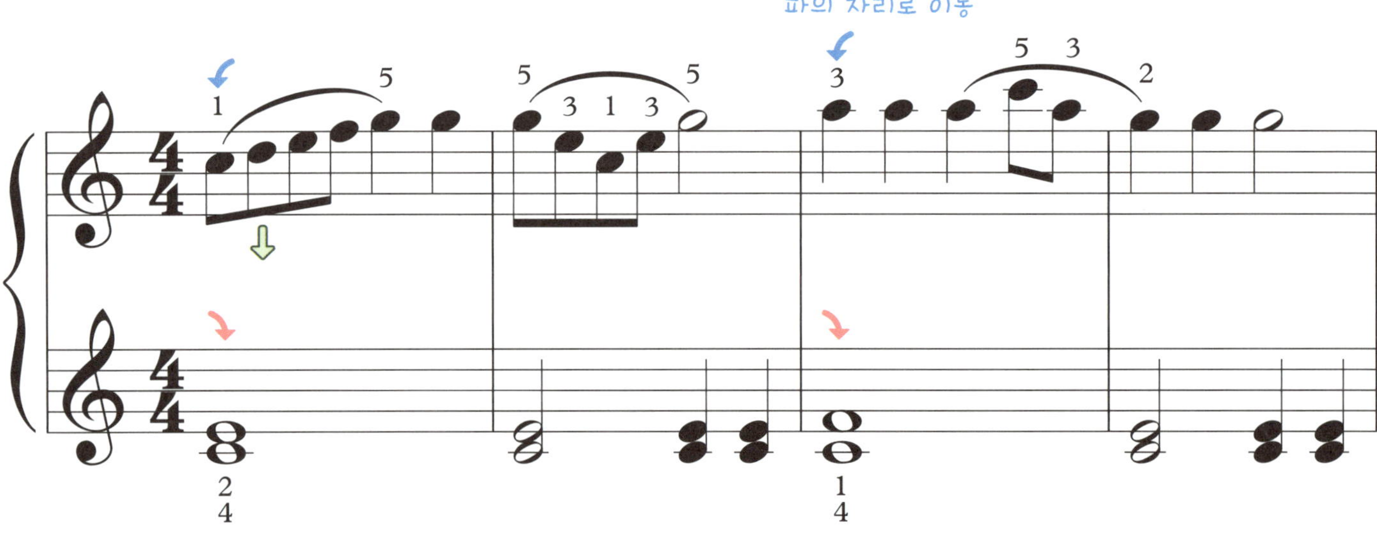

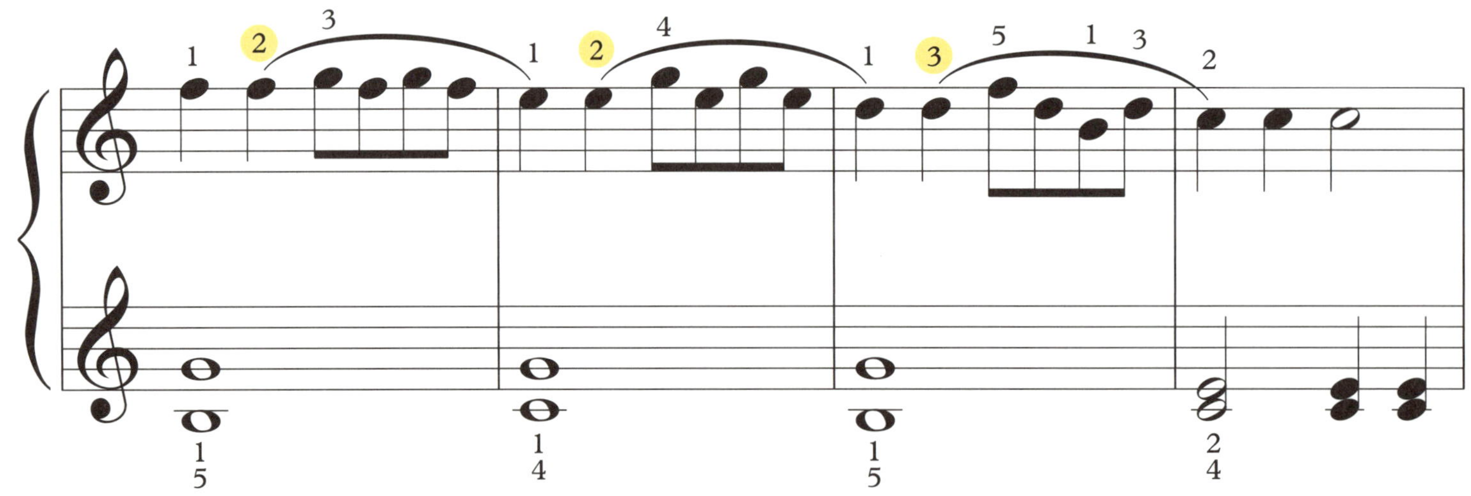

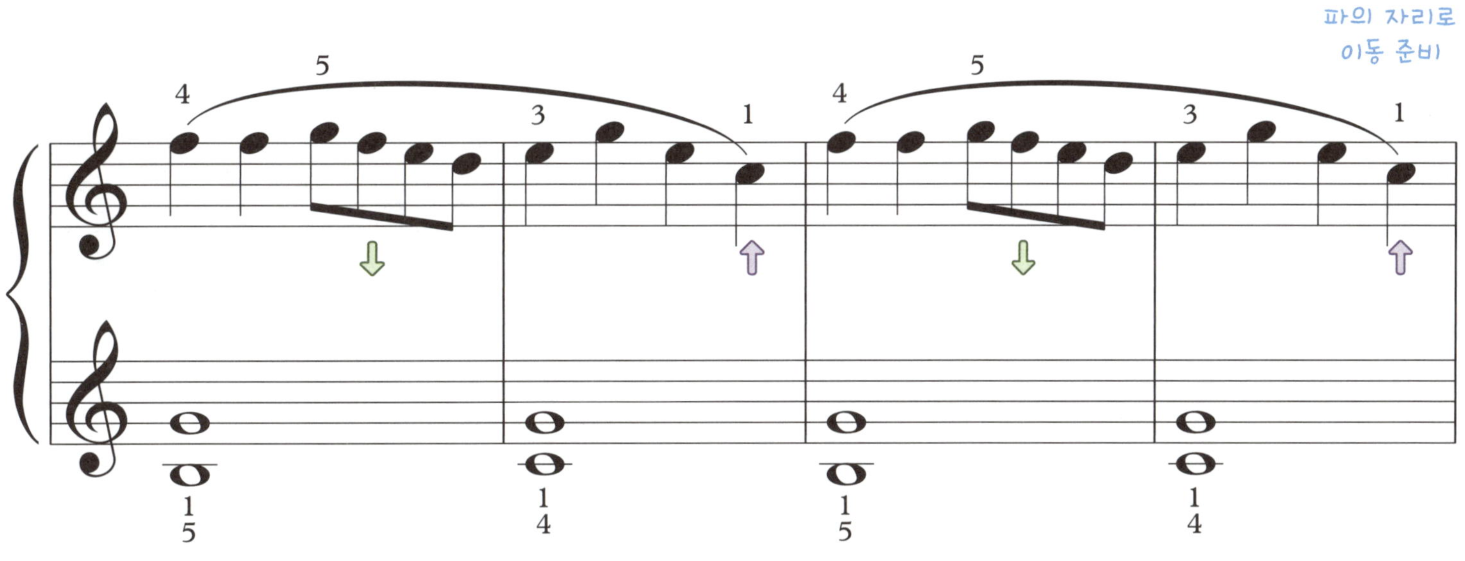
파의 자리로
이동 준비

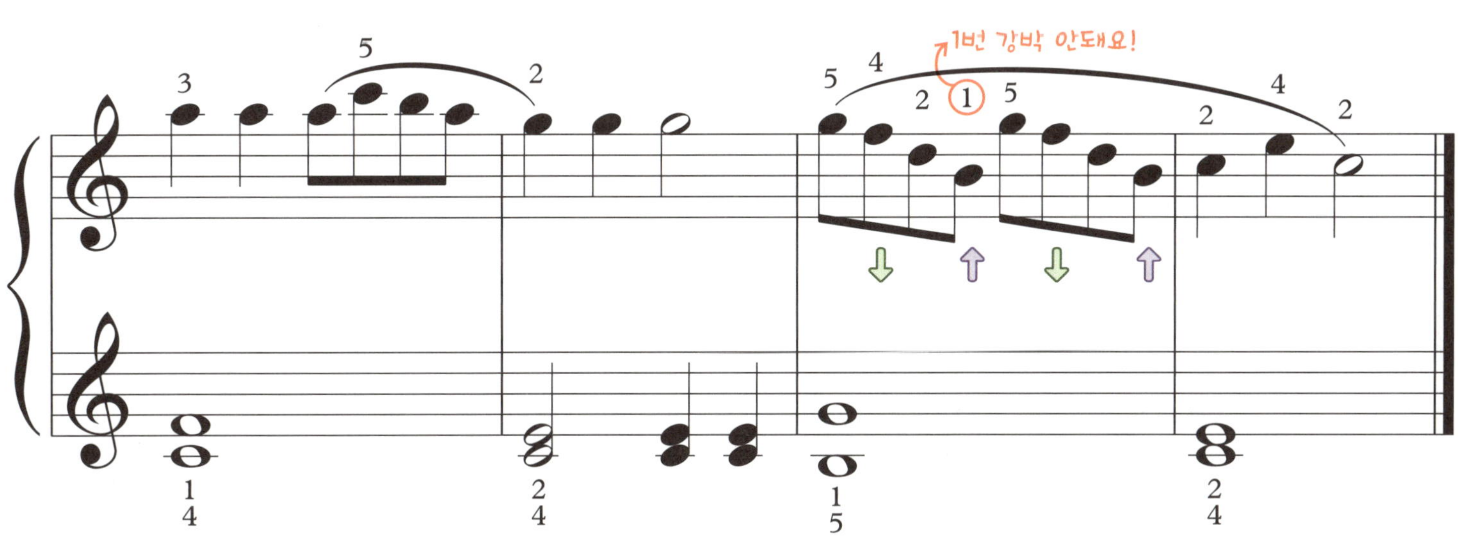
1번 강박 안돼요!

하농으로 연습하는 반짝쿵 테크닉

화살표를 잘 보고 팔을 릴랙스하며 단단하고 풍성한 소리를 만들어 보세요.
레가토 연습이 끝나면 스타카토로 연습하세요.

하행

8분음표에서 왼손 가벼운 엄지 연습

Czerny Op.823 No.13

강박에서 들리는 오른손과 왼손의 멜로디 라인을 잘 살리며 왼손 엄지(솔)는 가볍게 연주하세요.

Allegretto (조금 빠르게)

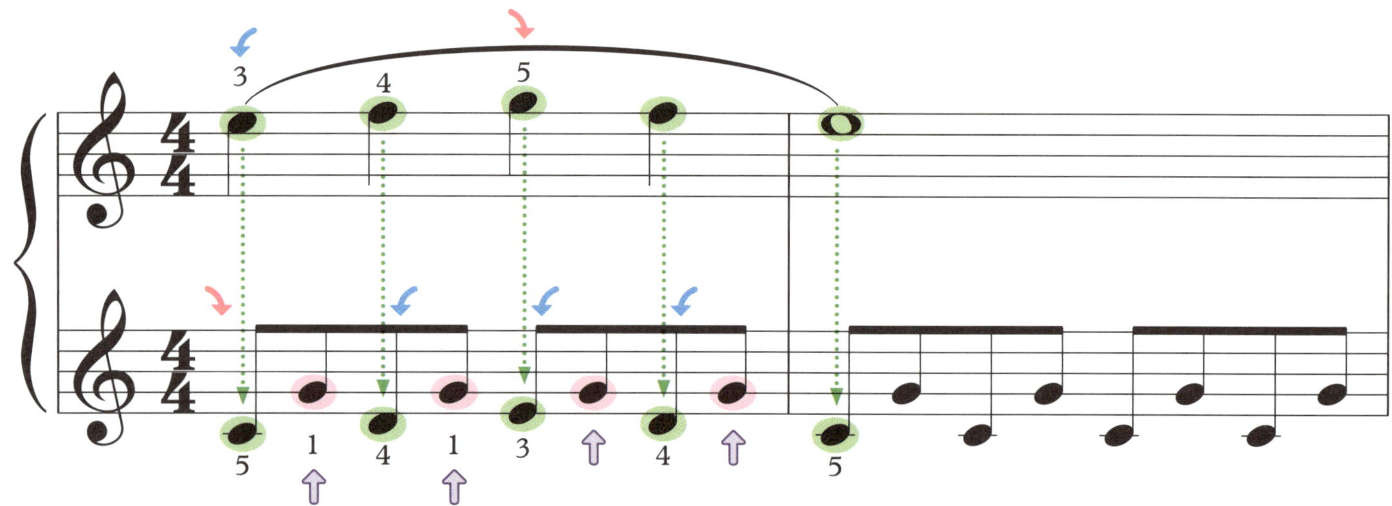

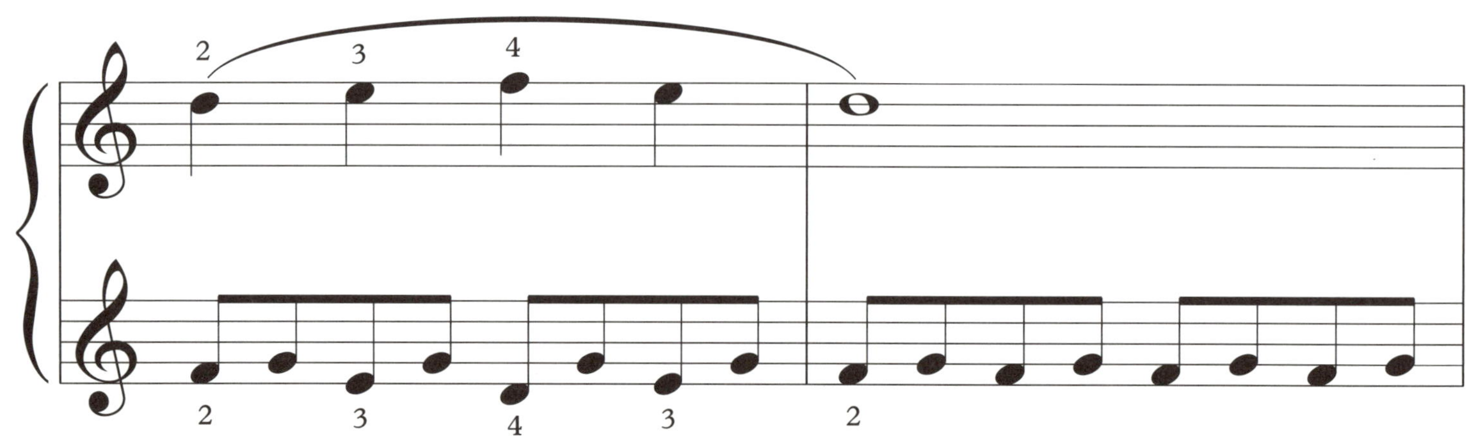

왼손은 어떻게 치지?
왼손 1번 엄지 강박 No!
스케이트 타듯이 살살 Yes!

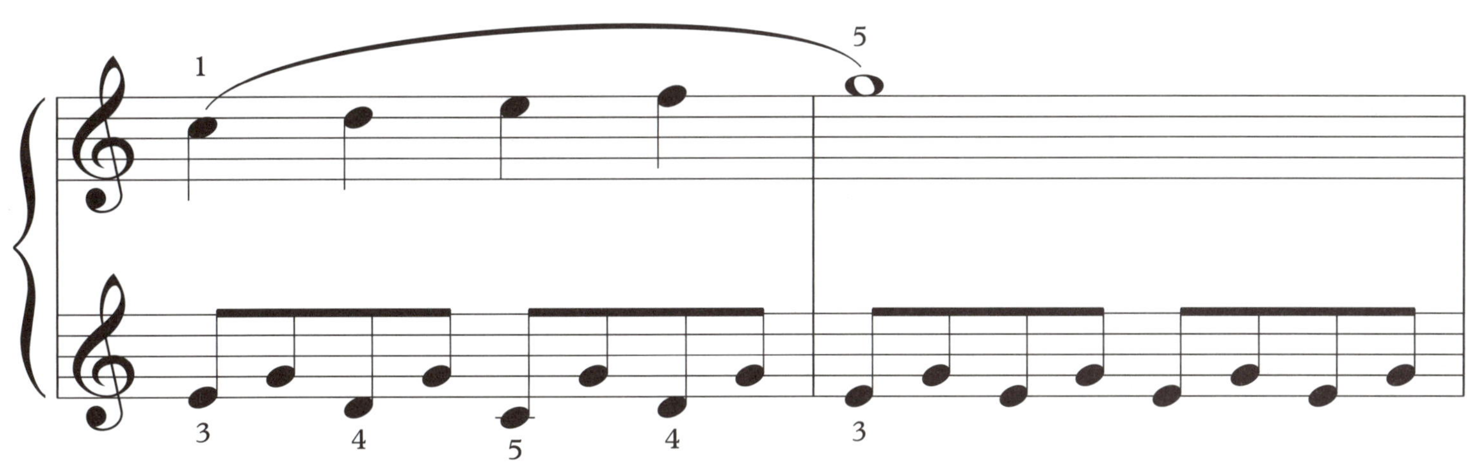

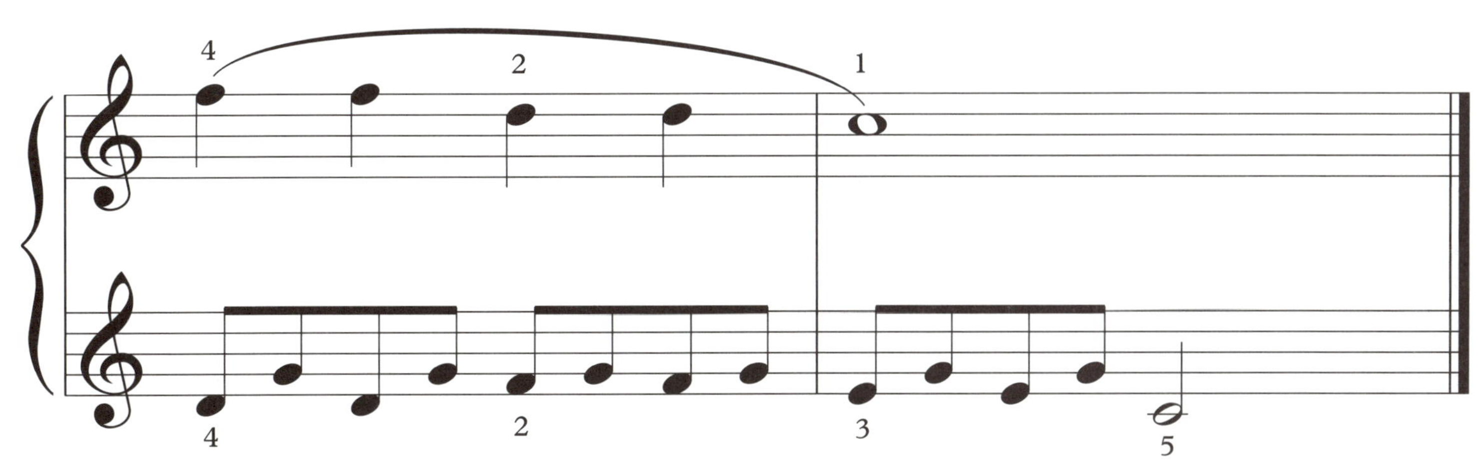

13 알베르티 베이스 연습 Czerny Op.599 No.14

Allegretto (조금 빠르게)

알베르티 베이스는 고전시대 반주법입니다.
연습방법
5 1 3 1
5 3 1
5번은 강박으로, 1,3번은 가볍게 건반 끝으로
스케이트 타듯이 이동하며 연주해요.

14 다장조 음계와 왼손 3화음 연습 Czerny Op.599 No.19

졸히기

15 하농으로 연습하는 반짝쿵 테크닉

레가토 연습이 끝나면 스타카토로 연습하세요.

16 오른손 덧줄 연습과 이음줄의 표현 Czerny Op.481 No.5

Allegretto (조금 빠르게)

이음줄 끝에서 릴랙스하며 손목을 드는 것 잊지 않았죠?
덧줄에서 음정 찾기
레
시
솔
미
도
라

17 셋잇단음표와 악센트 연습

Czerny Op.453 No.18

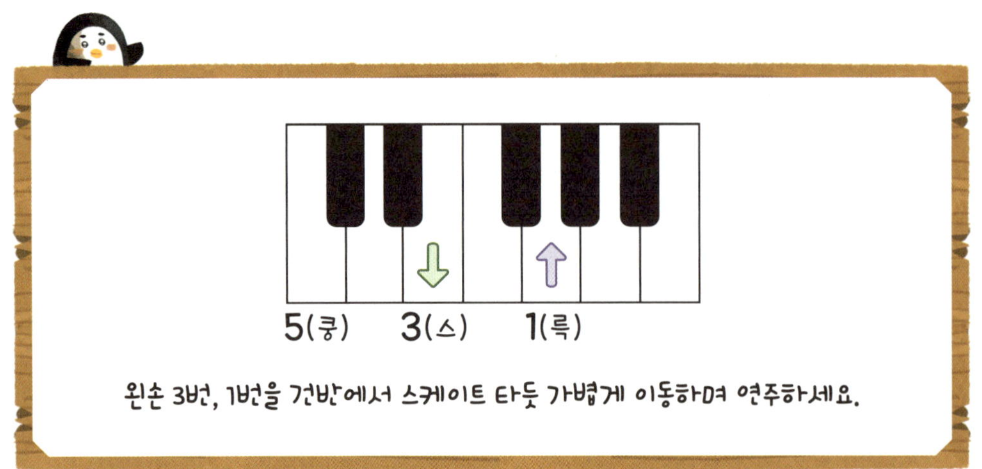

Allegretto (조금 빠르게)

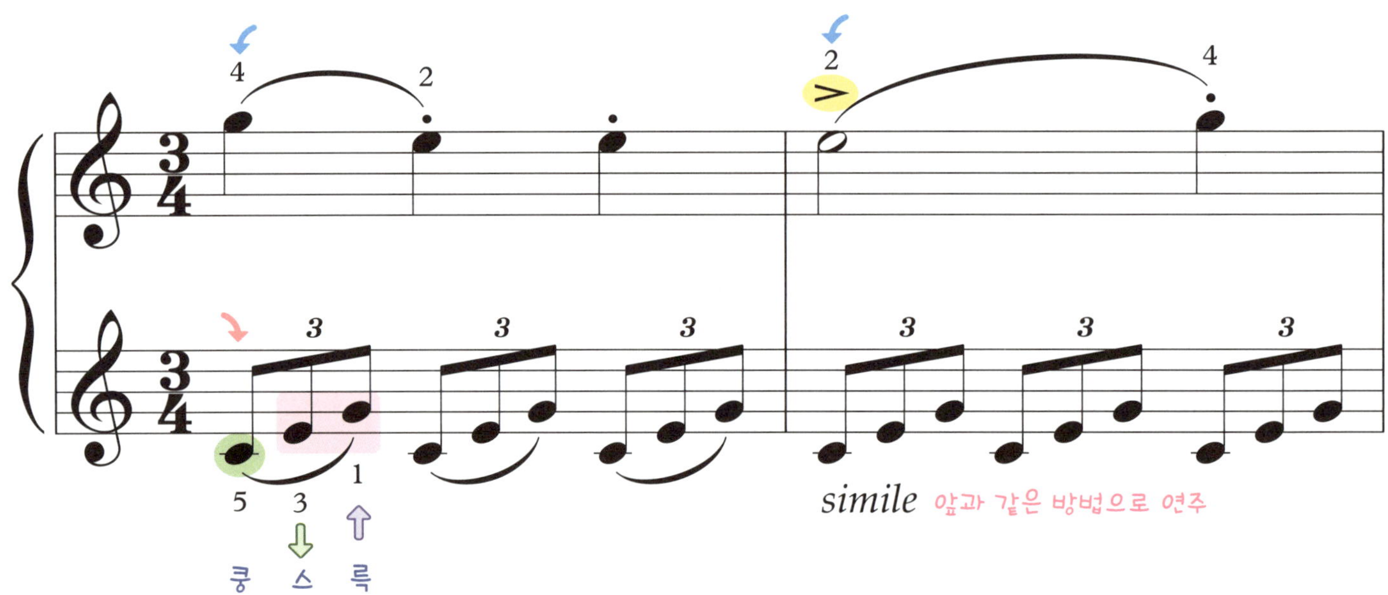

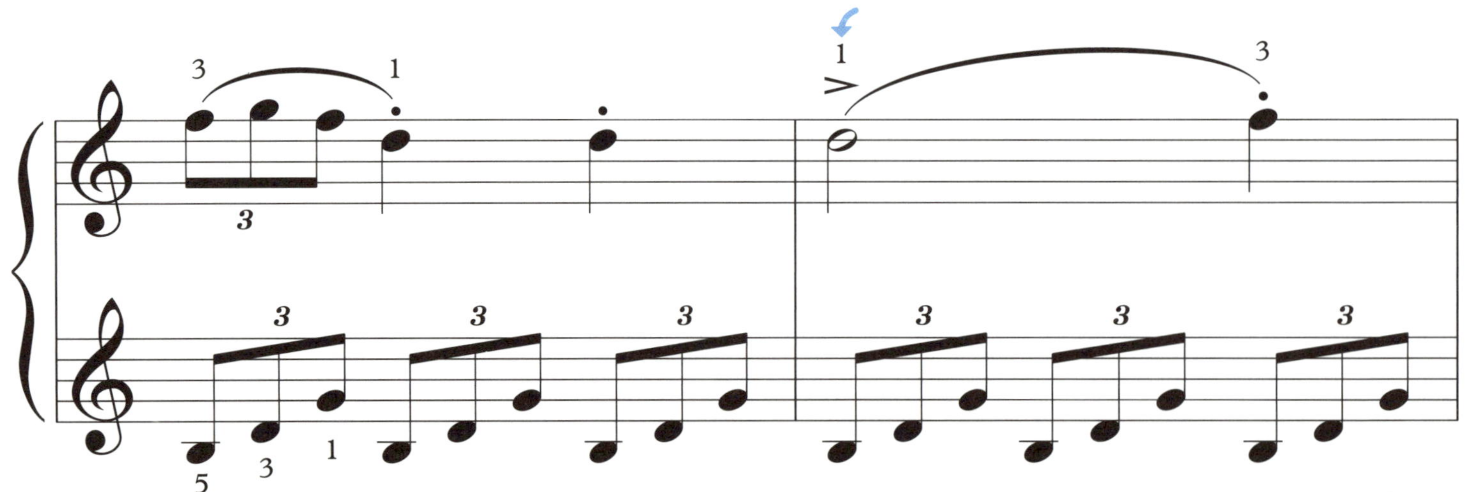

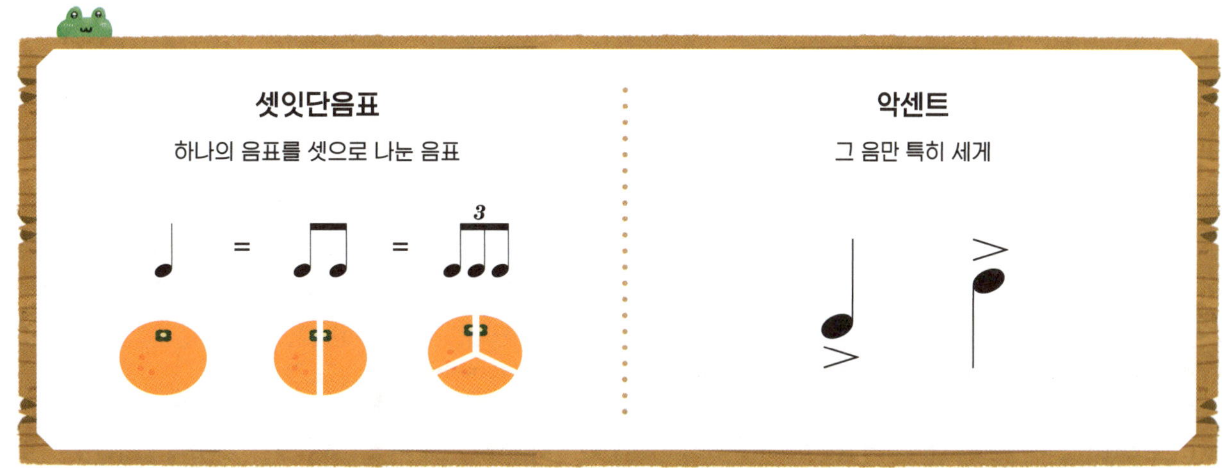

셋잇단음표
하나의 음표를 셋으로 나눈 음표
3
악센트
그 음만 특히 세게

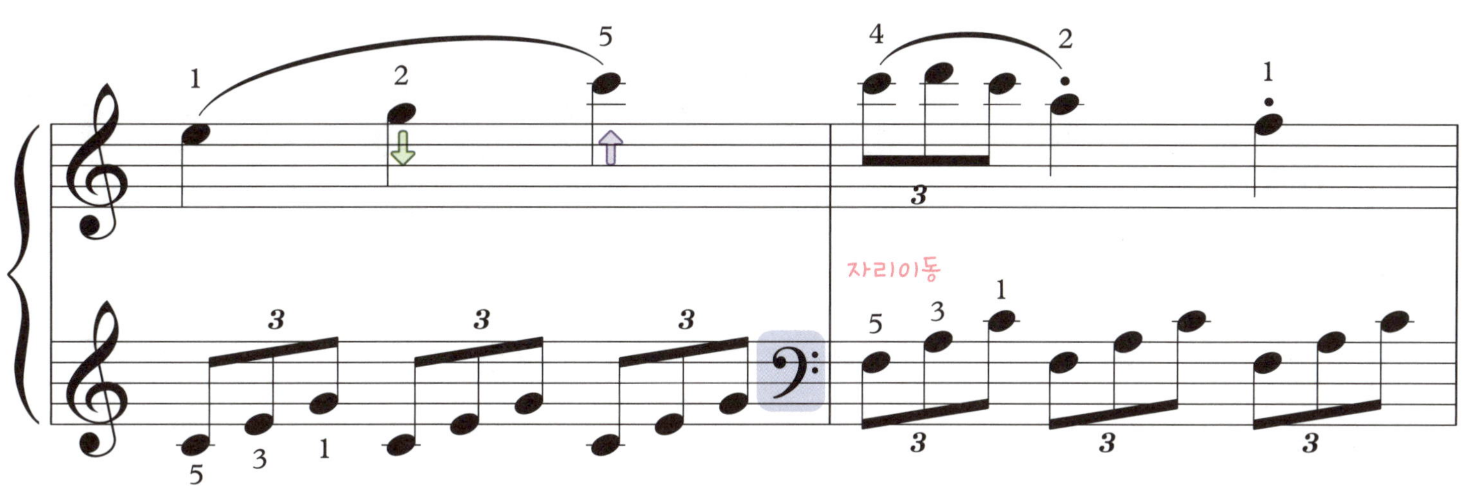

자리이동

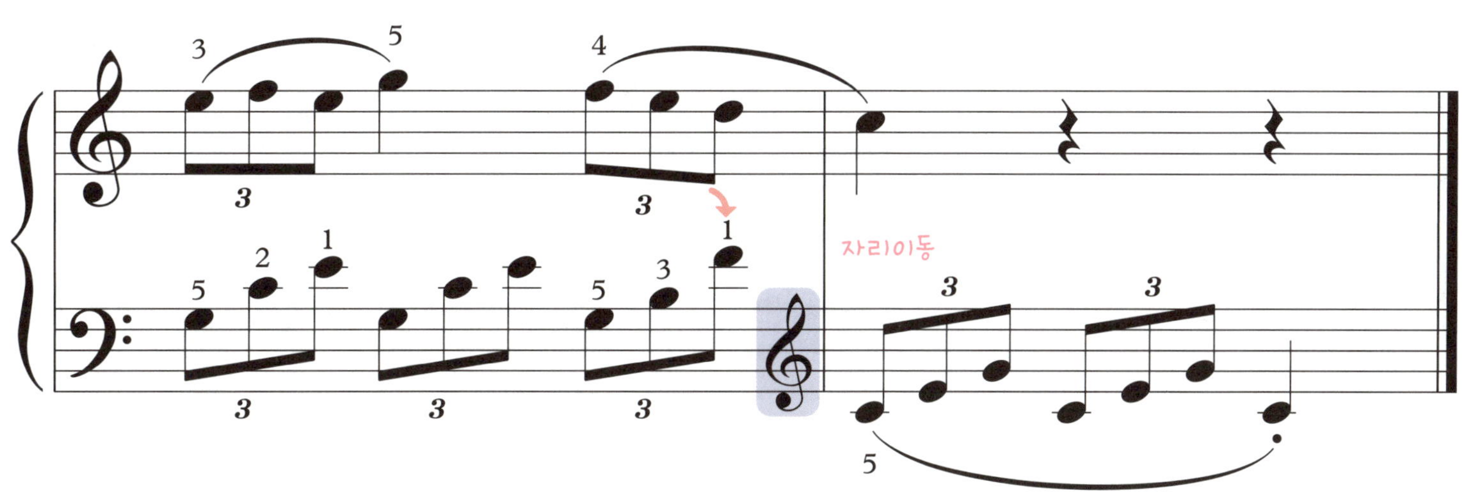

자리이동

3도 겹음의 레가토 연습

Czerny Op.139 No.28

Moderato (보통 빠르기로)

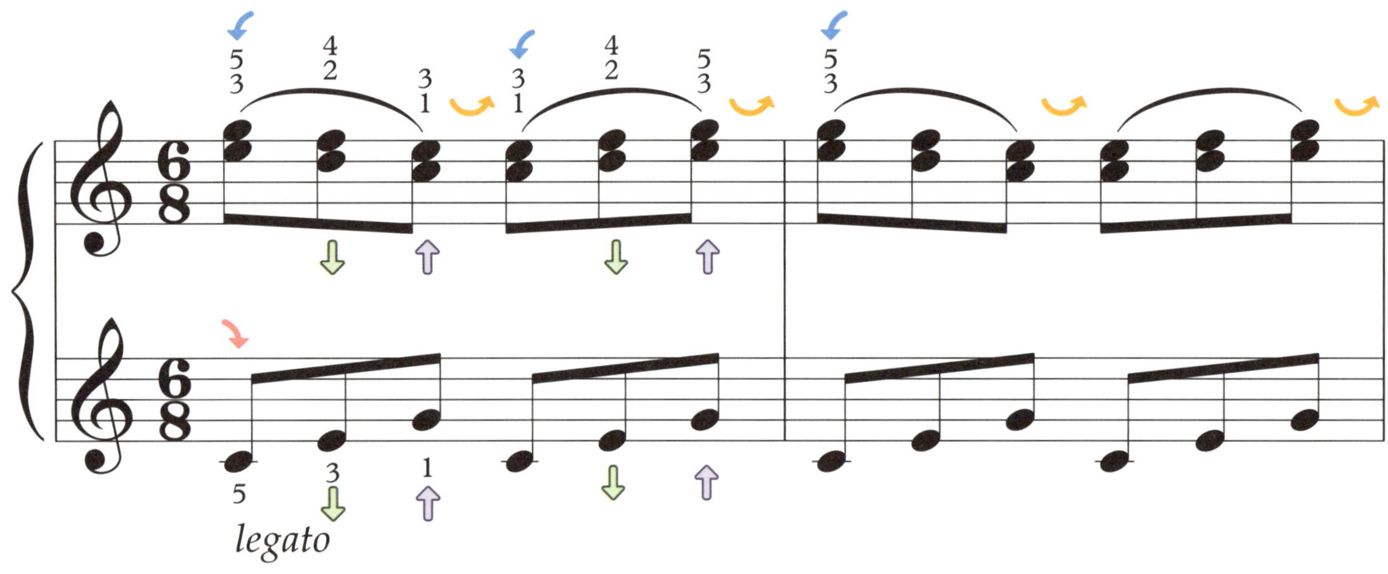

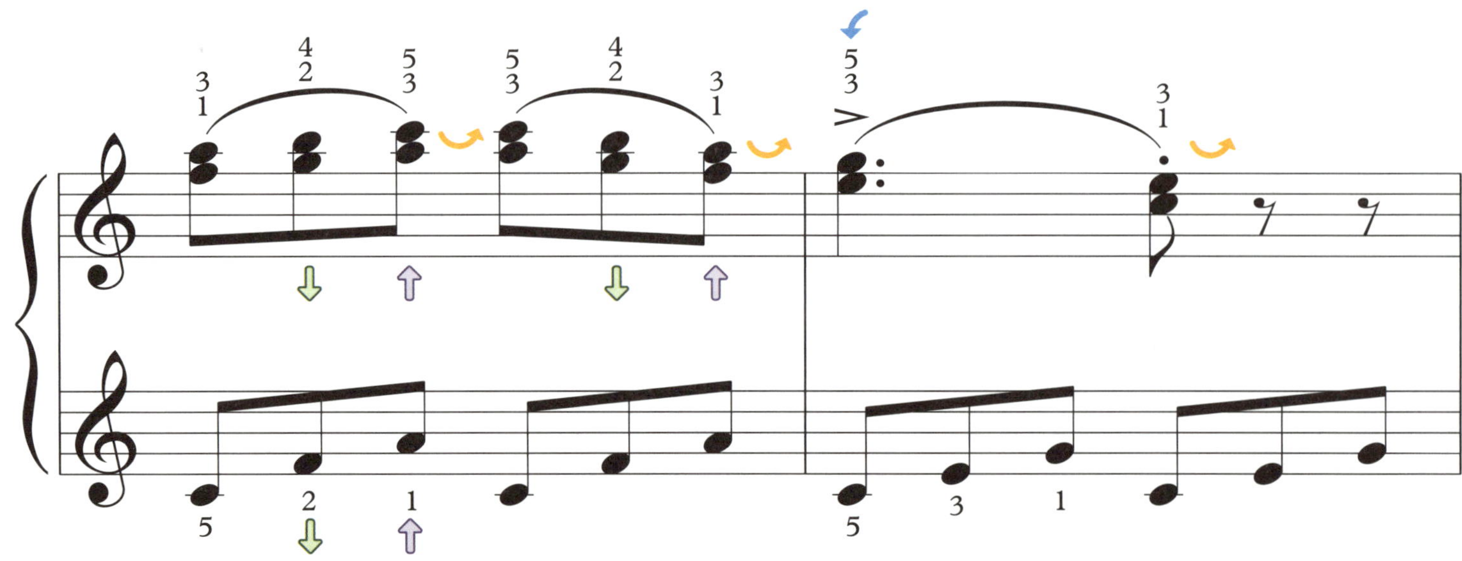

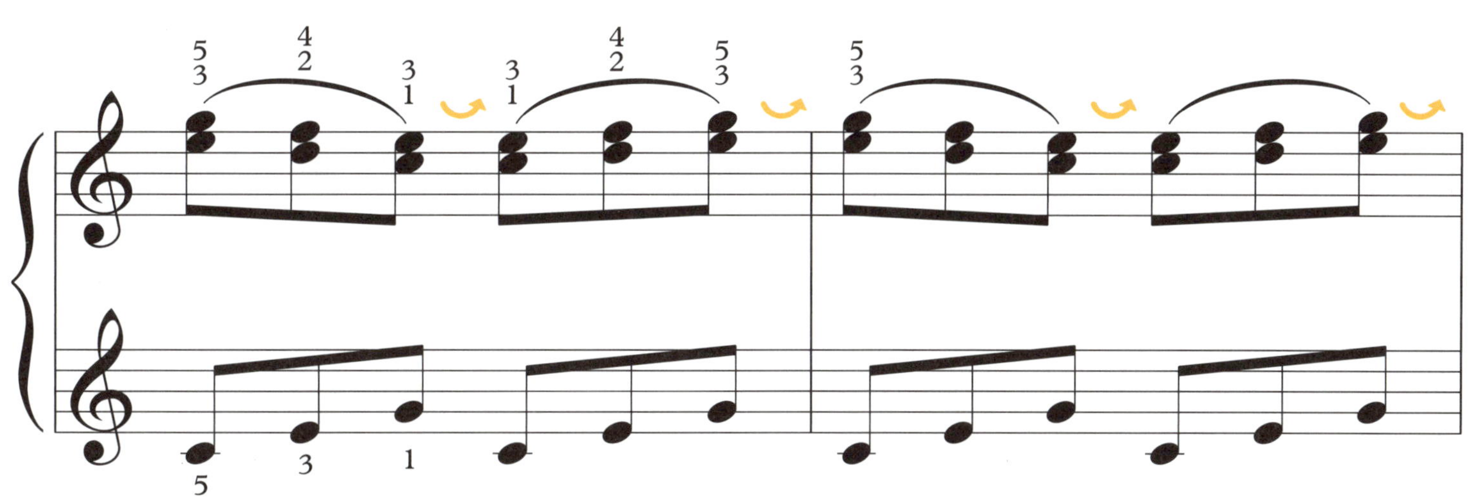

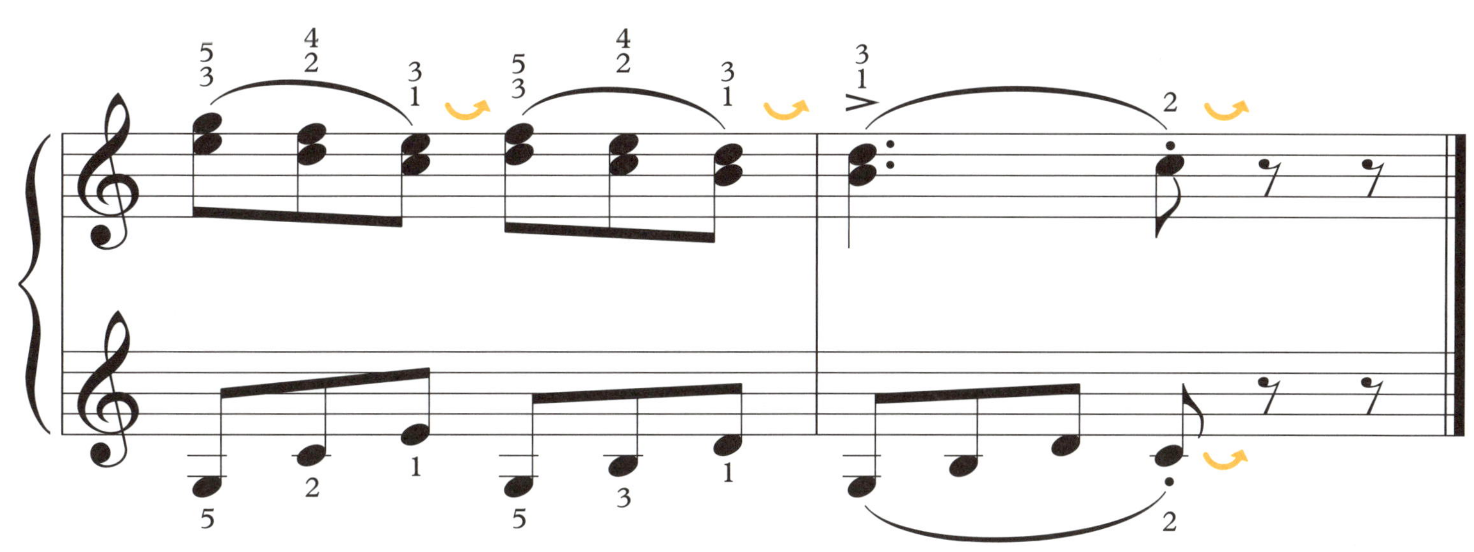

19 하농으로 연습하는 반짝쿵 테크닉

레가토 연습이 끝나면 스타카토로 연습하세요.

하행
5도
5도

20 왼손 3도 겹음을 가볍게 연주하는 연습

Czerny Op.139 No.9

이음줄 끝에서, 반복음에서, 곡이 끝날 때는 ↘ 표시가 없어도 손목을 살짝 들어주세요.

Allegro (빠르게)

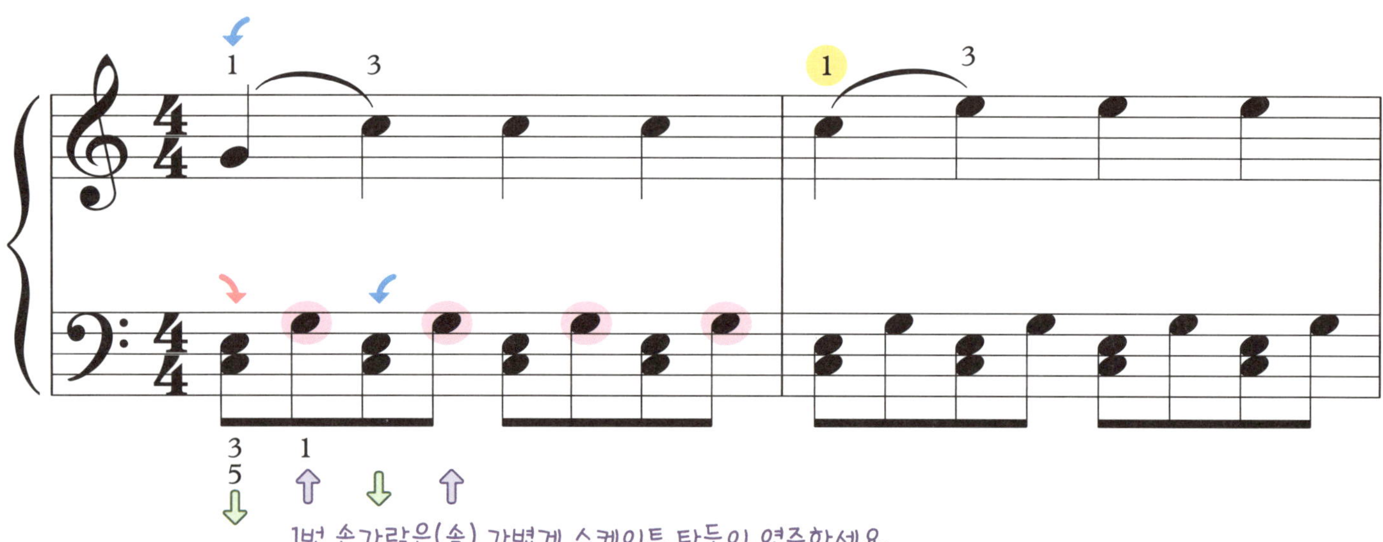

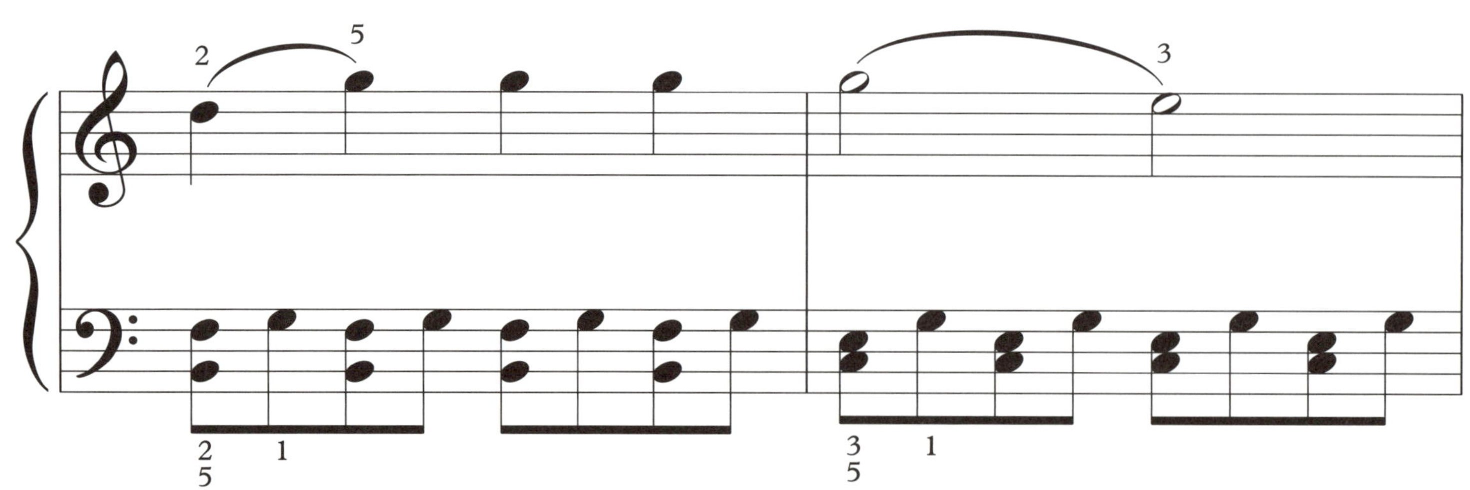

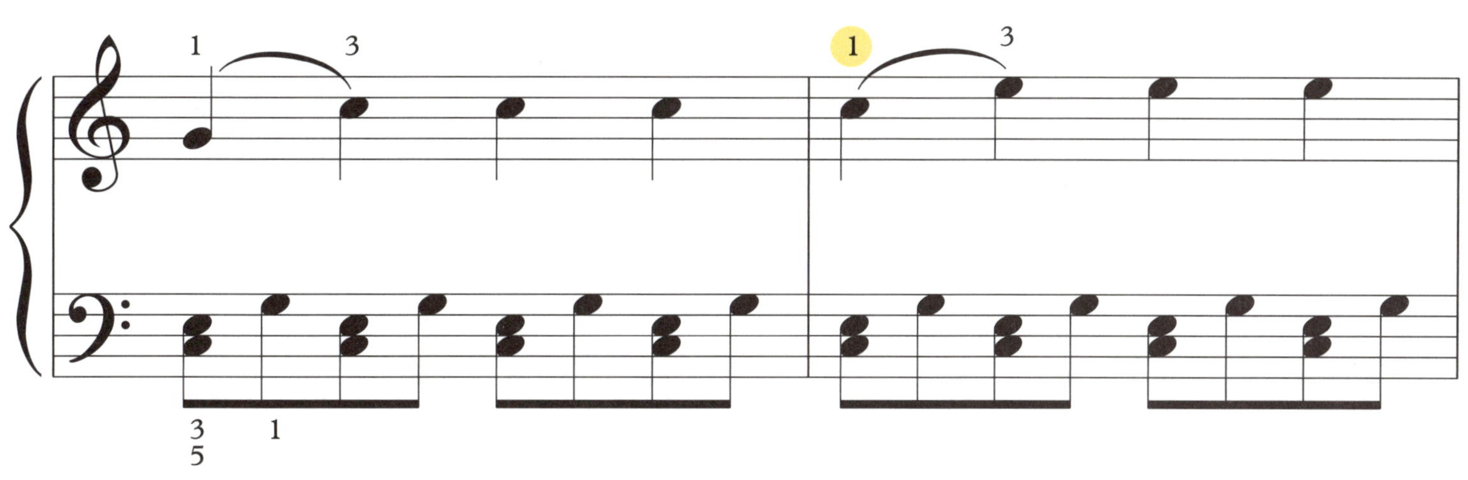

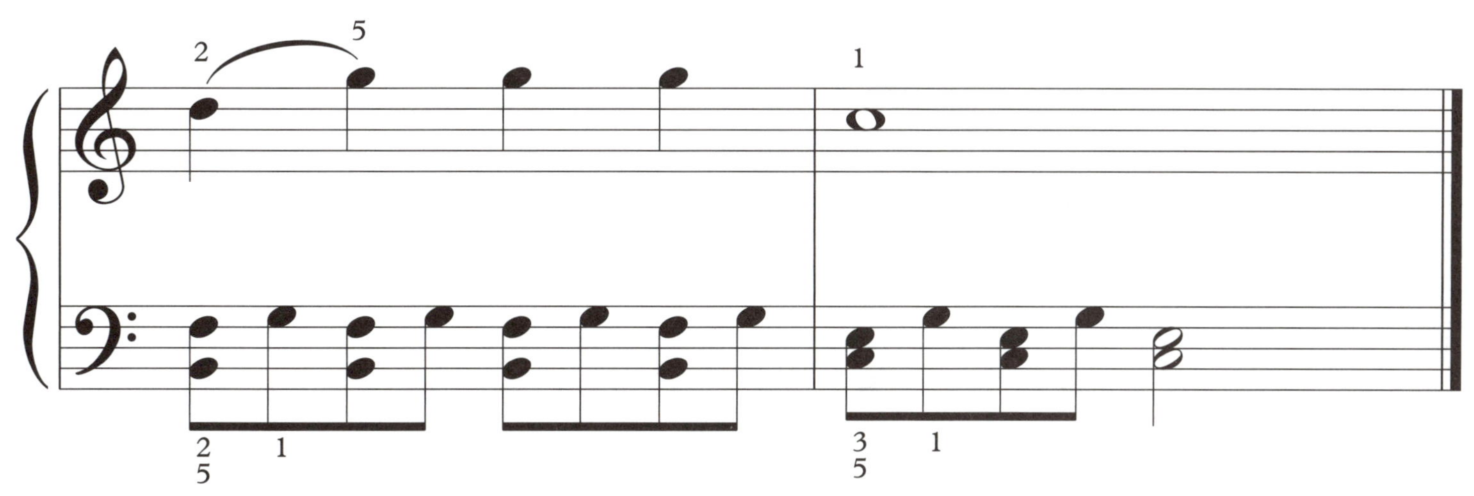

임시표 연습과 레가토 & 스타카토의 표현 Czerny Recreations No.68

Allegretto (조금 빠르게)

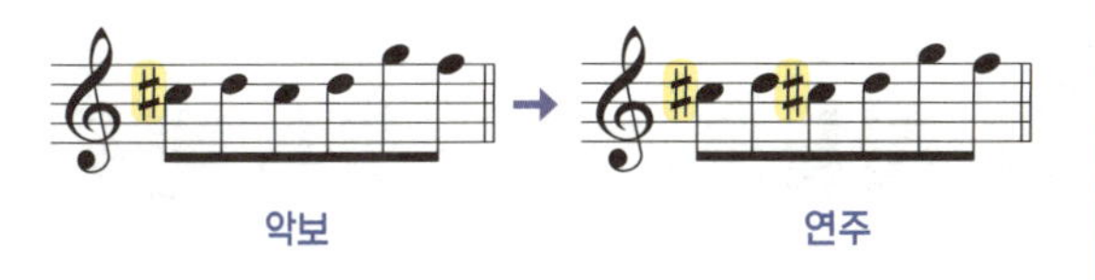

한 마디 안에서
앞에 올림표(샤프)가 있는 음이 반복되어 나올때는
올림표(샤프)가 없어도 반음 올려서 연주합니다.

22 하농으로 연습하는 반짝쿵 테크닉

손가락을 벌려 3도 음정을 연습해 보세요.

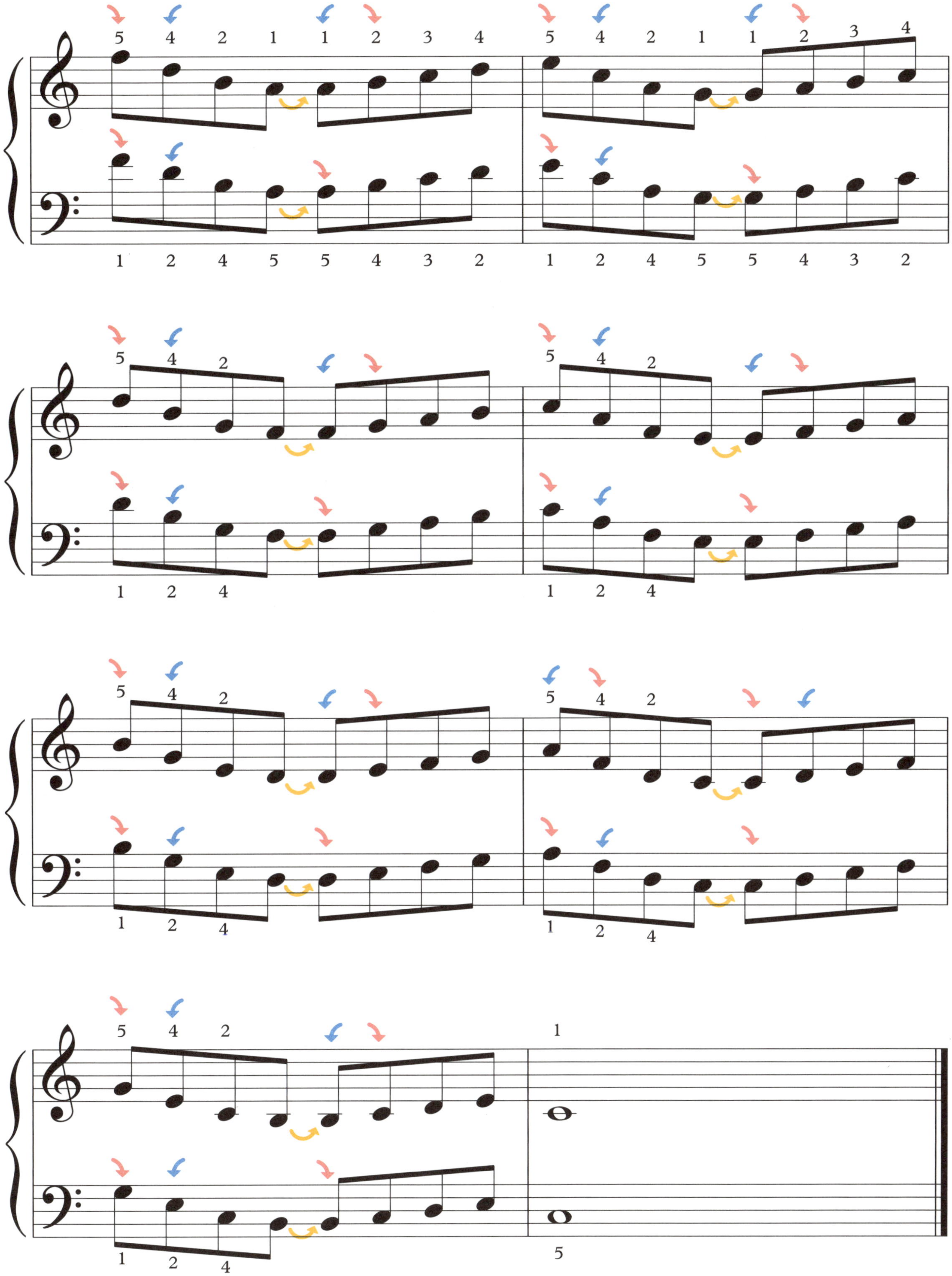

하농으로 연습하는 반짝쿵 테크닉

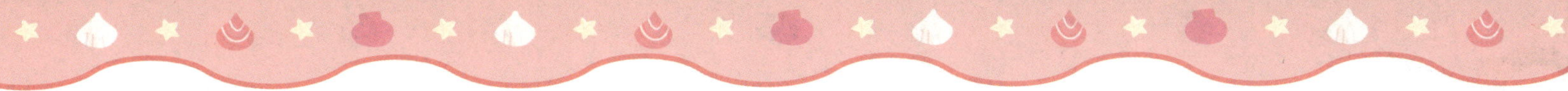

16분음표 레가토 연습 ❶

Czerny Op.777 No.2

차례가기로 16분음표를 연주할 때도 스케이트 주법으로 연주하면 자연스럽게 레가토가 됩니다.

Allegretto (조금 빠르게)

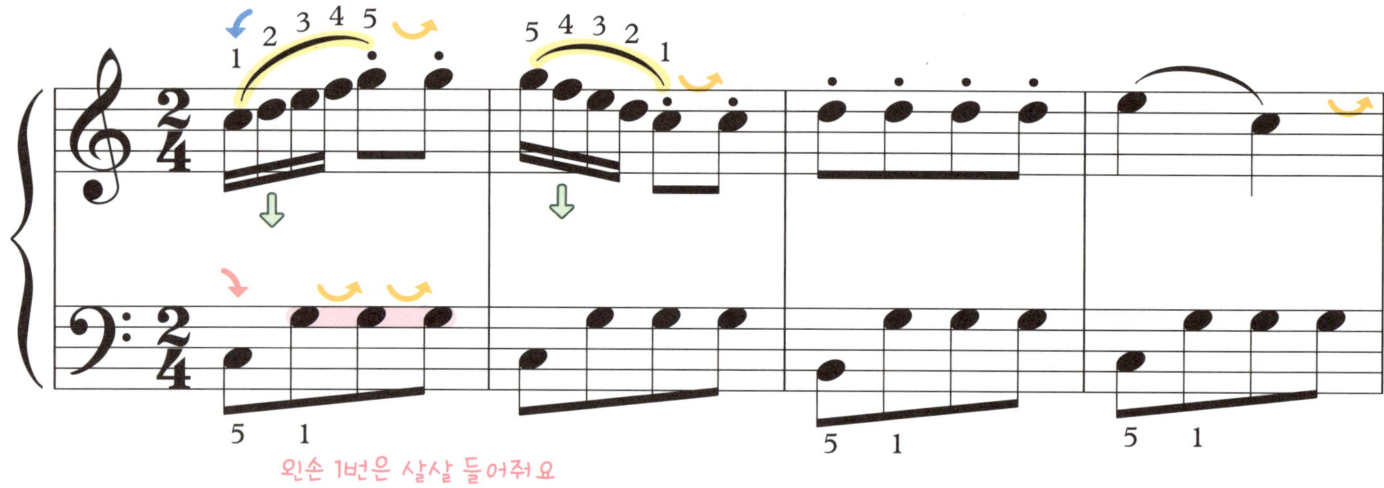

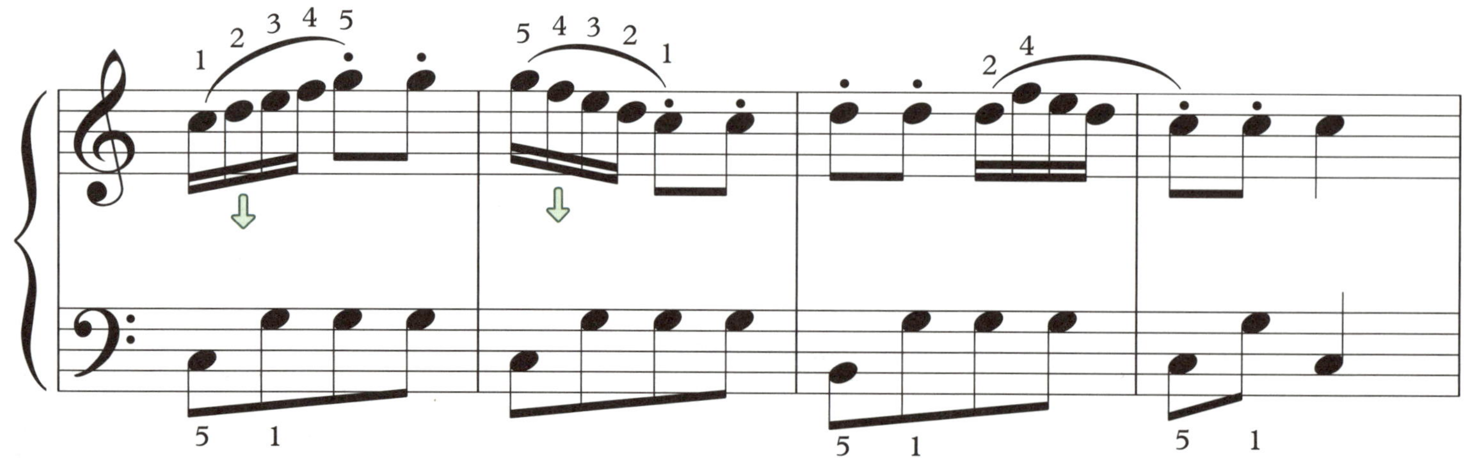

16분음표

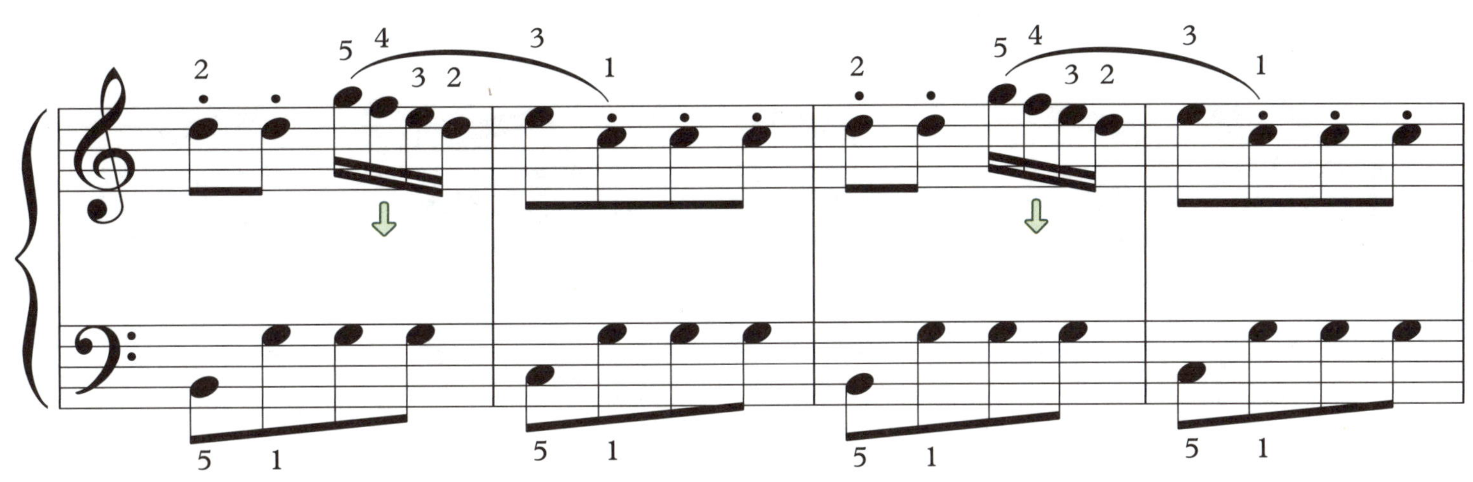

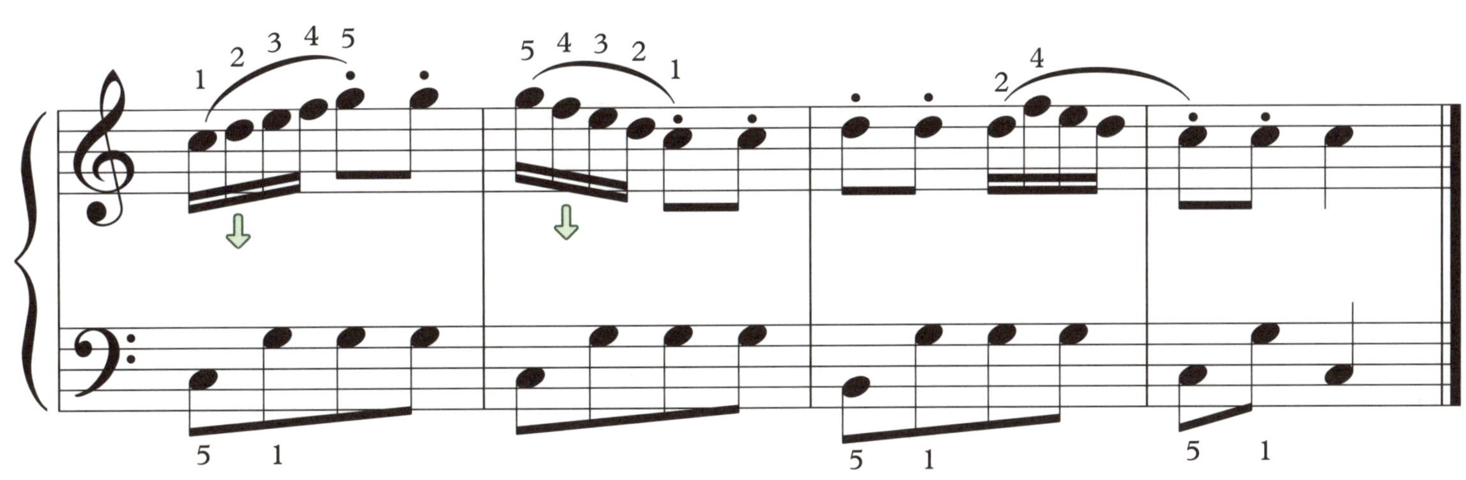

16분음표 레가토 연습 ②

Czerny Op.599 No.16

이음줄로 연결된 16분음표를 화살표를 잘 보고 레가토로 연주해 보세요.
이음줄의 끝에서 손목 들기 잊지마세요.

Allegretto (조금 빠르게)

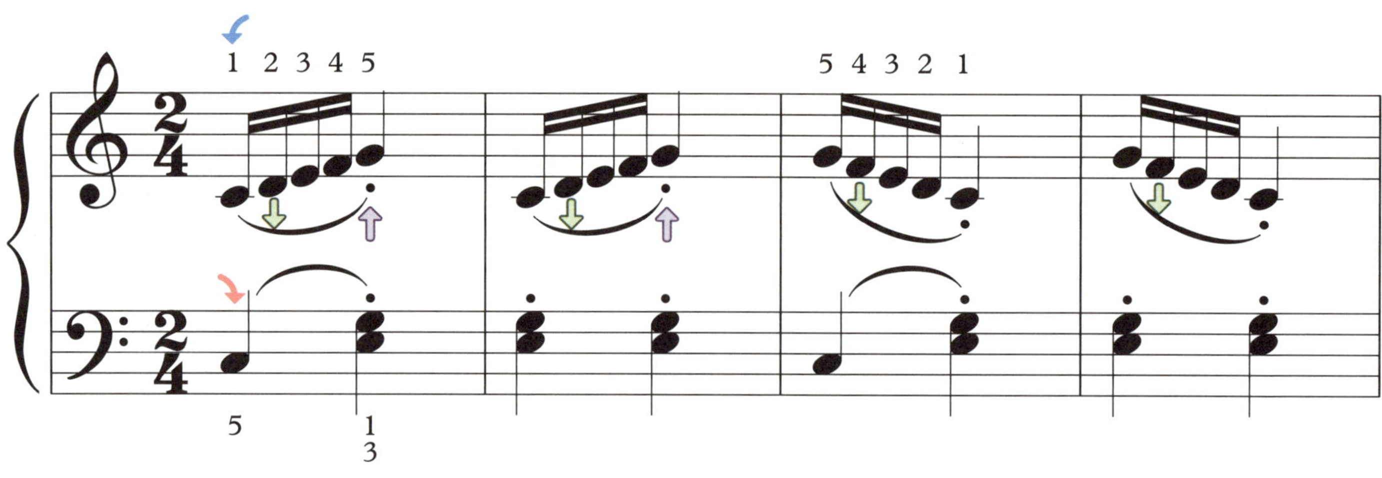

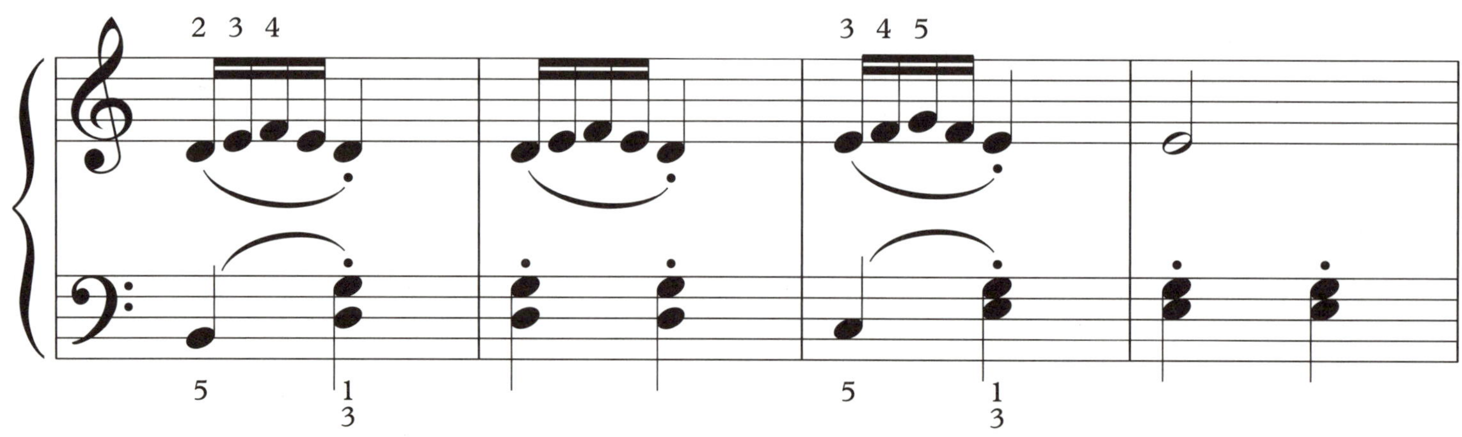

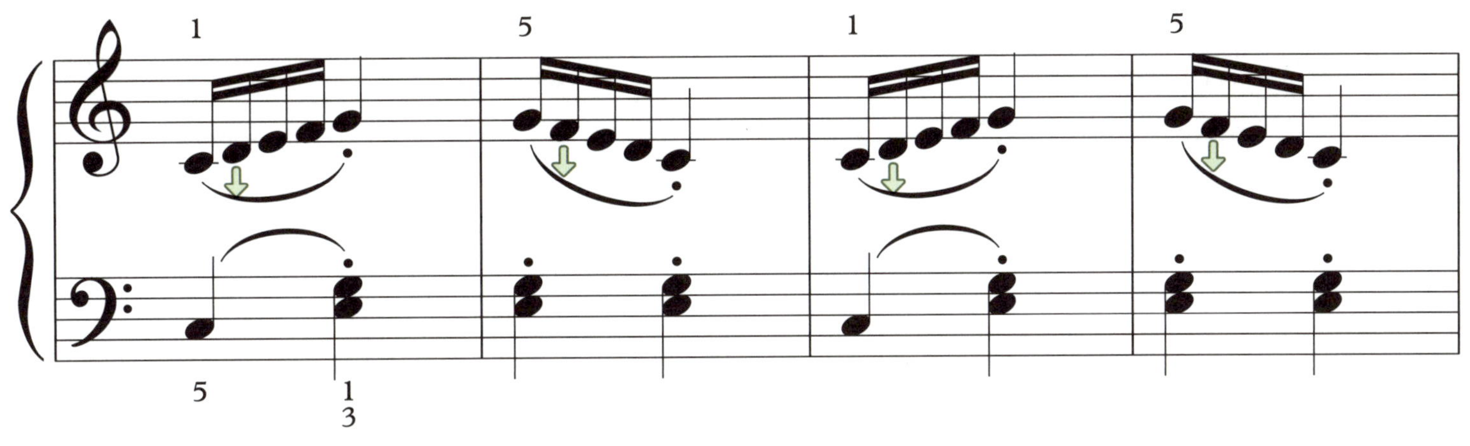

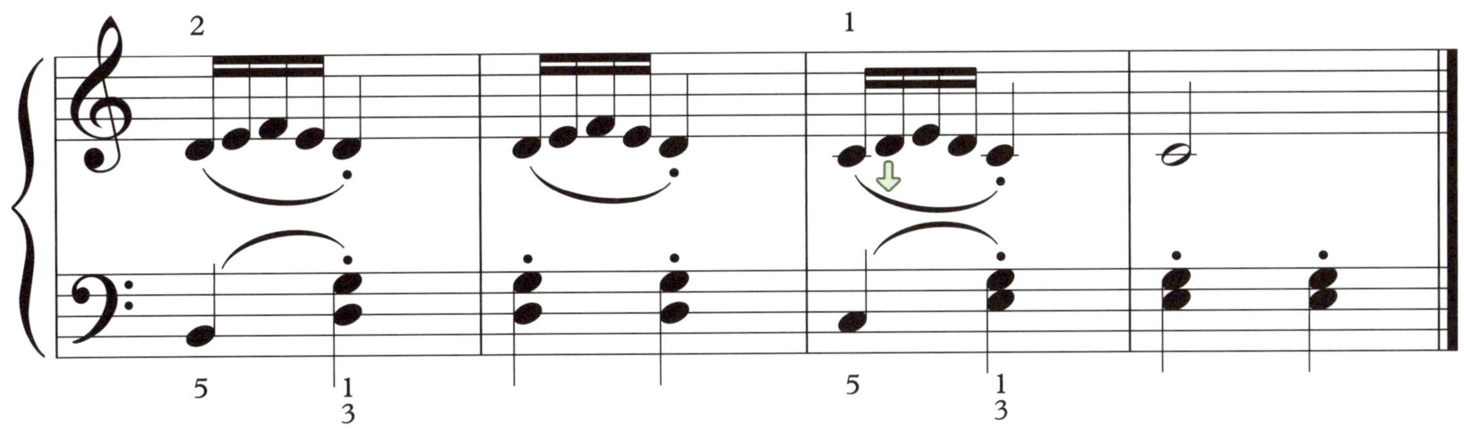

바장조 연습

Czerny Op.777 No.5

Moderato (보통 빠르기로)

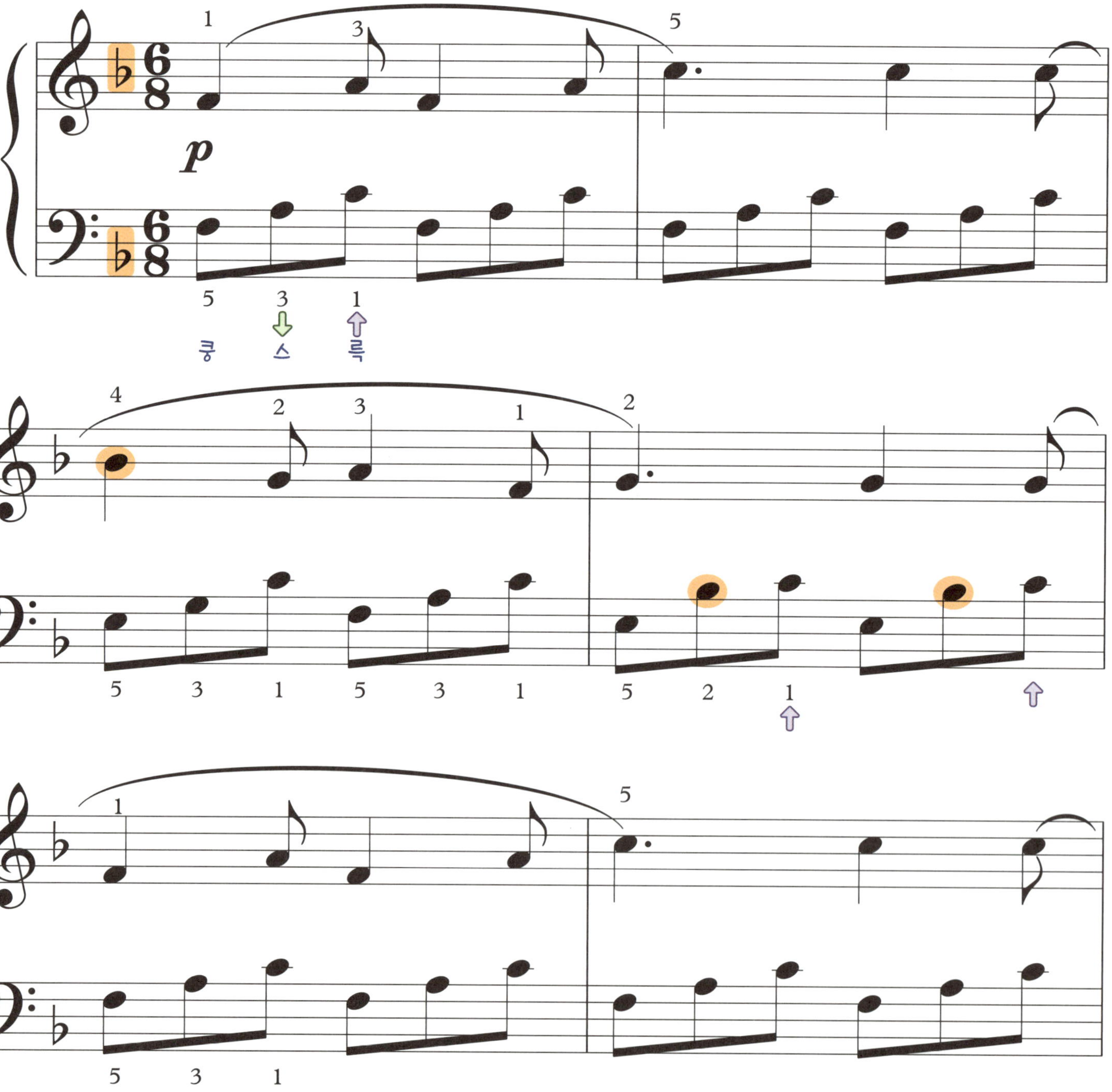

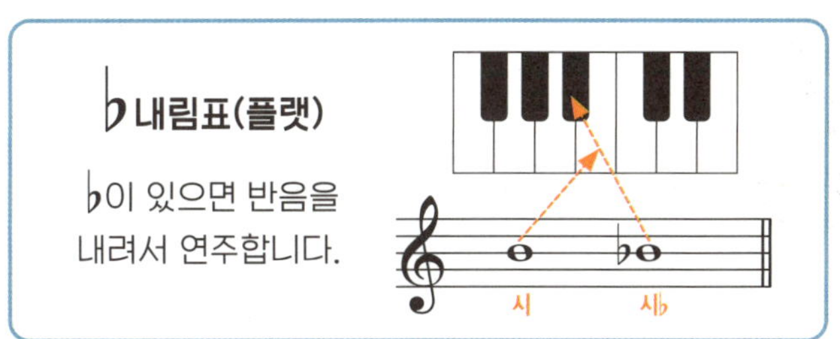

♭ 내림표(플랫)
♭이 있으면 반음을
내려서 연주합니다.
시   시♭

못갖춘마디와 꾸밈음 연습 Czerny Recreations No.21

Allegretto (조금 빠르게)

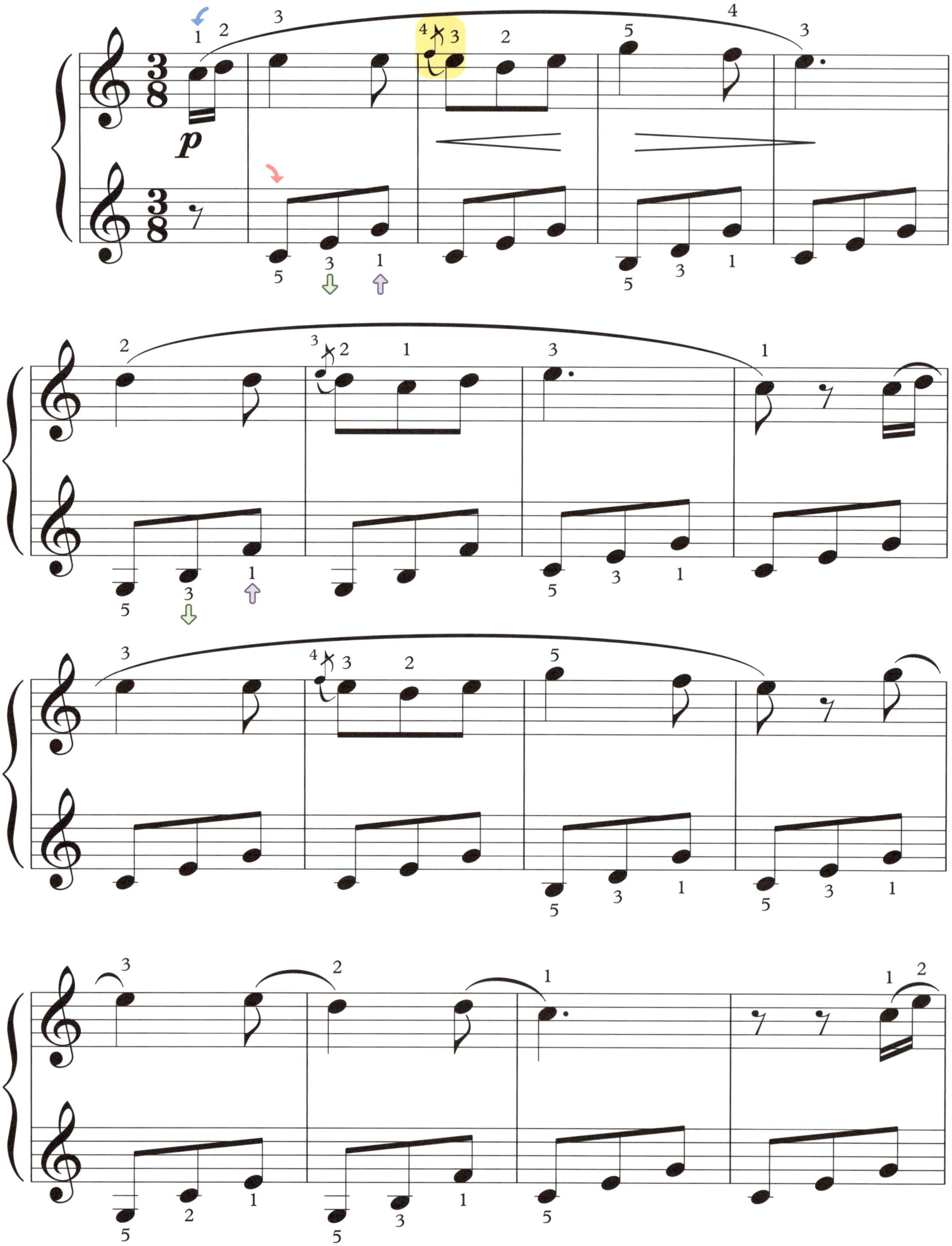

앞짧은 꾸밈음 연주 Tips
4번, 3번 손가락을 빠르고 가볍게 움직이는 것이 힘들 때는
4번과 3번을 동시에 누른 후 4번 손가락을 빨리 들어주세요.

하농으로 연습하는 반짝쿵 **테크닉**

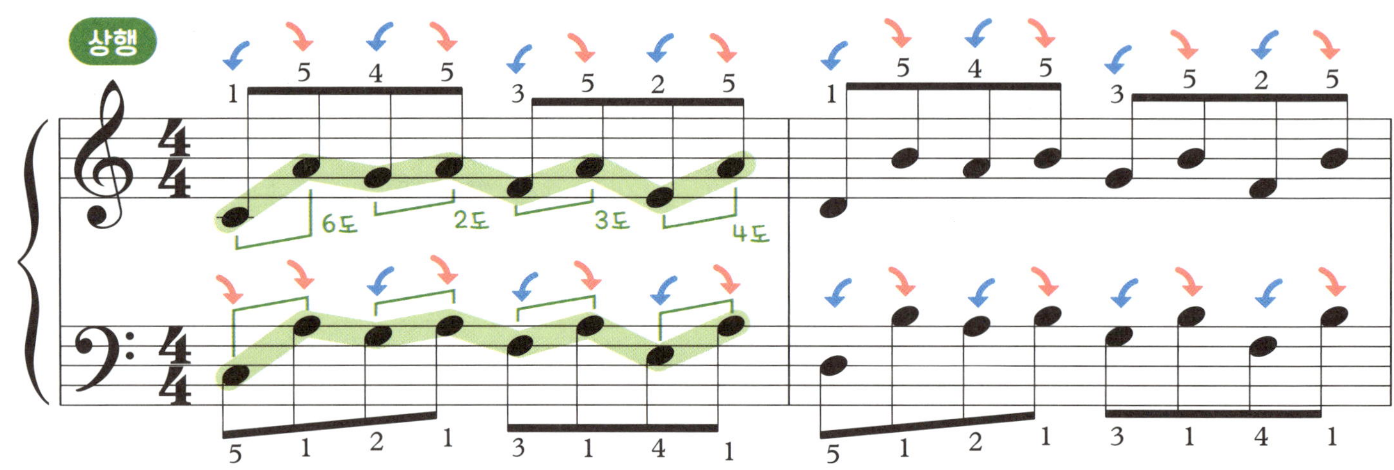

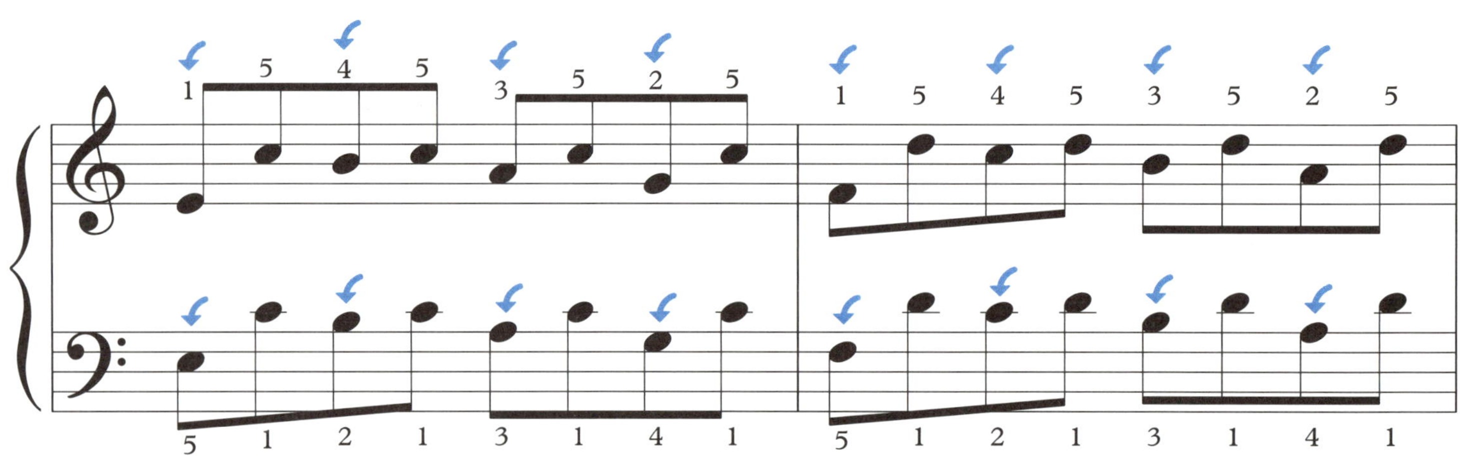

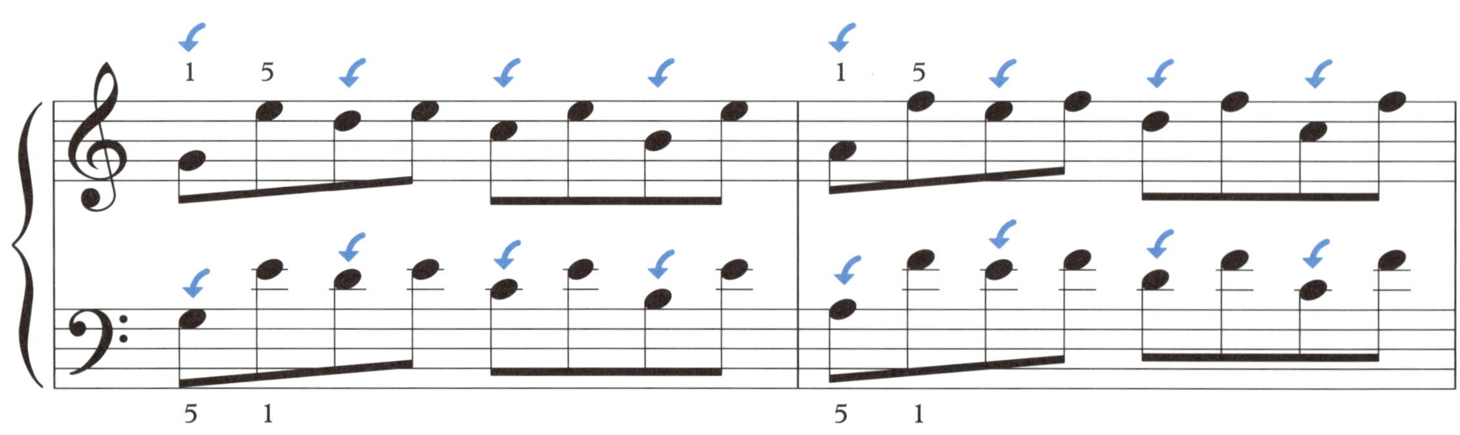

하행
6도
2도
3도
4도

사장조 연습

Czerny Op.599 No.22

Allegretto (조금 빠르게)

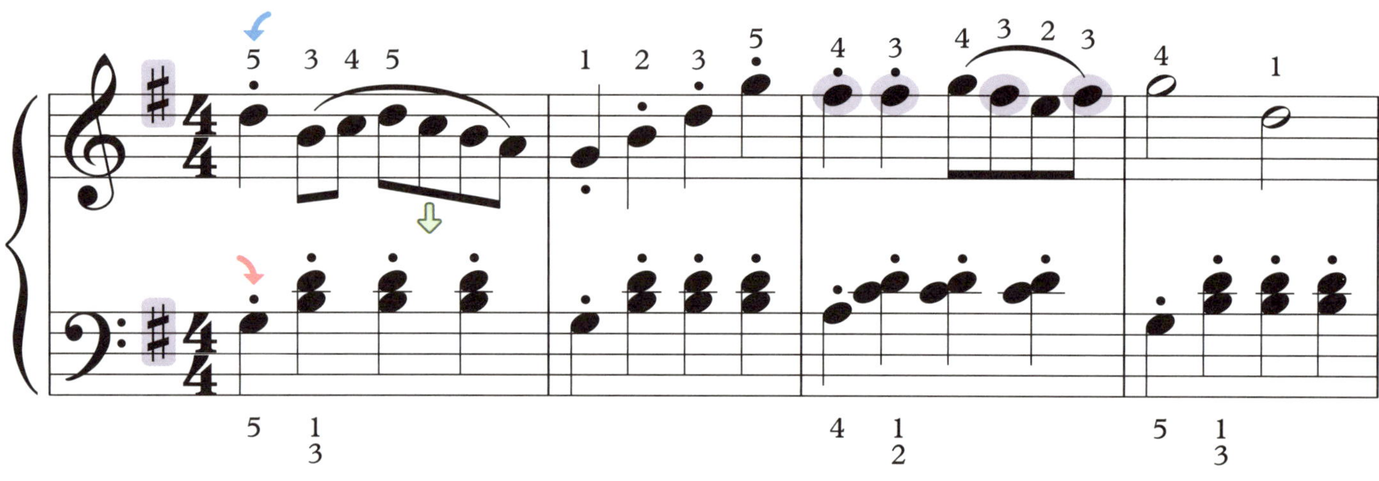

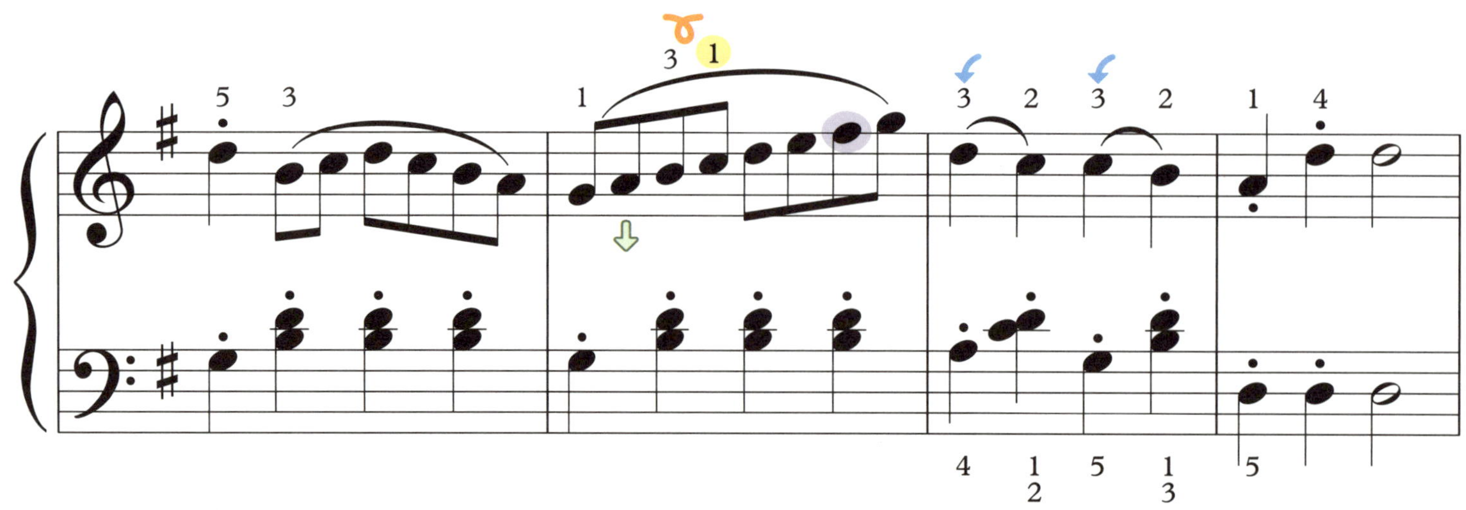

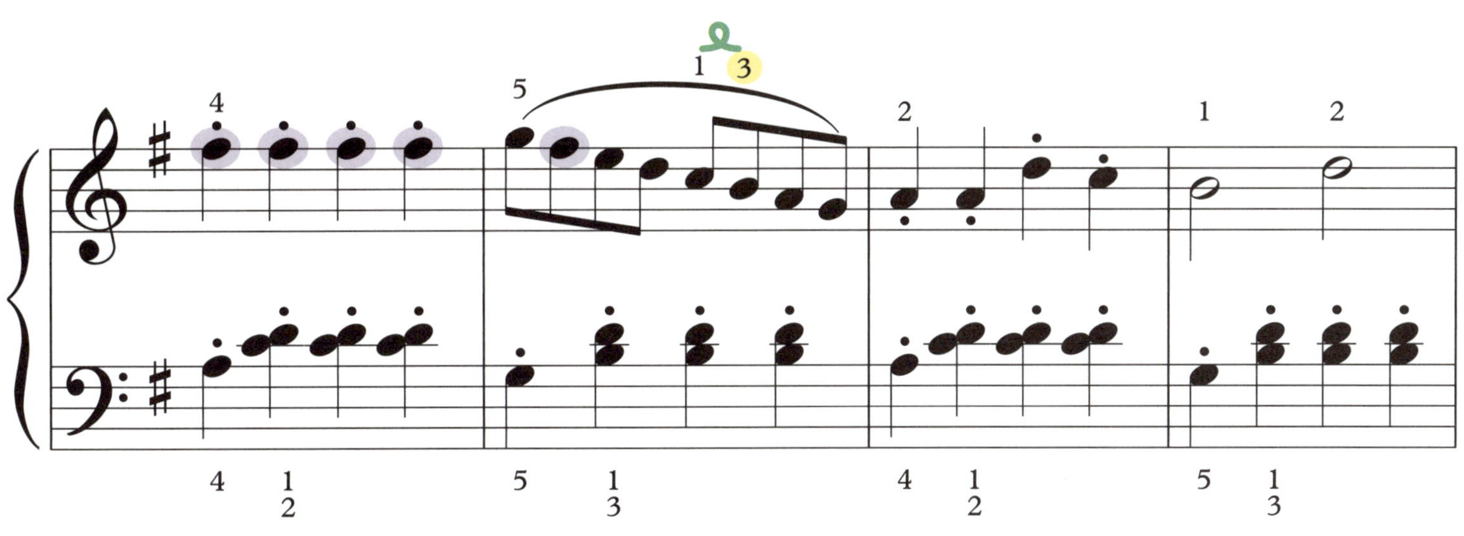

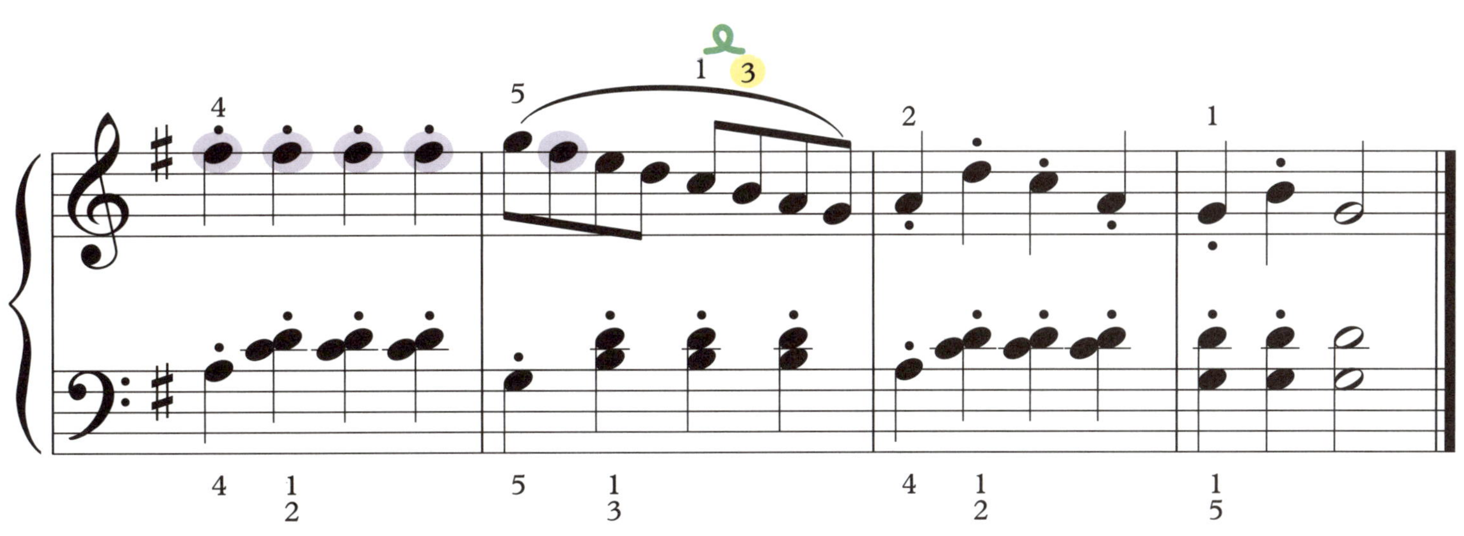

30 16분음표 알베르티 베이스와 이음줄 연습

Czerny Recreations No.20

Allegro (빠르게)

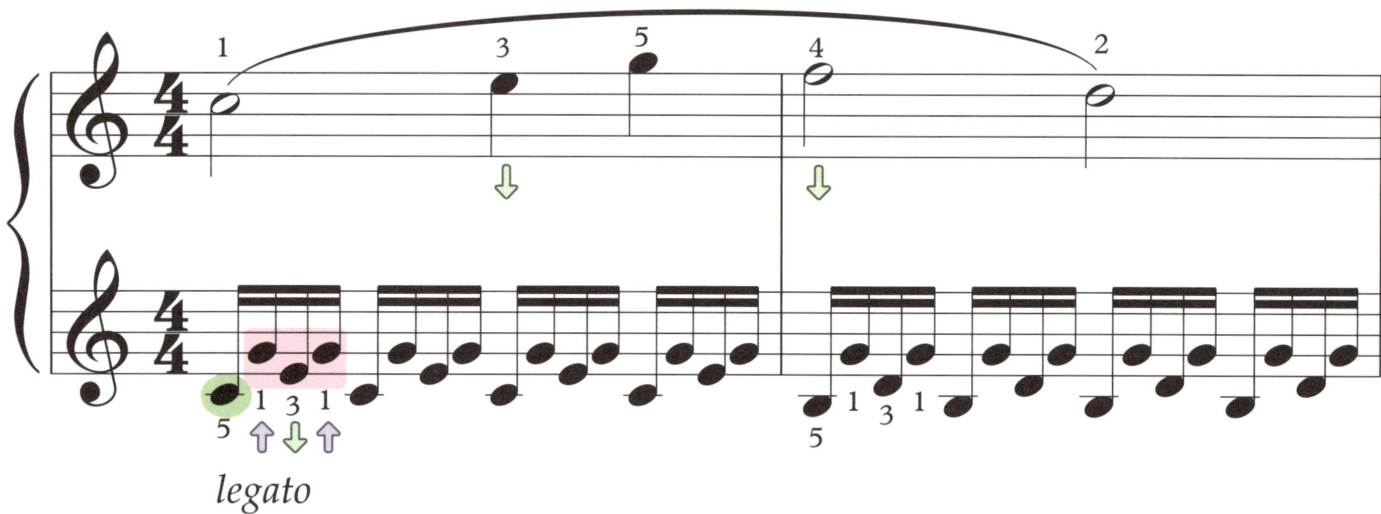

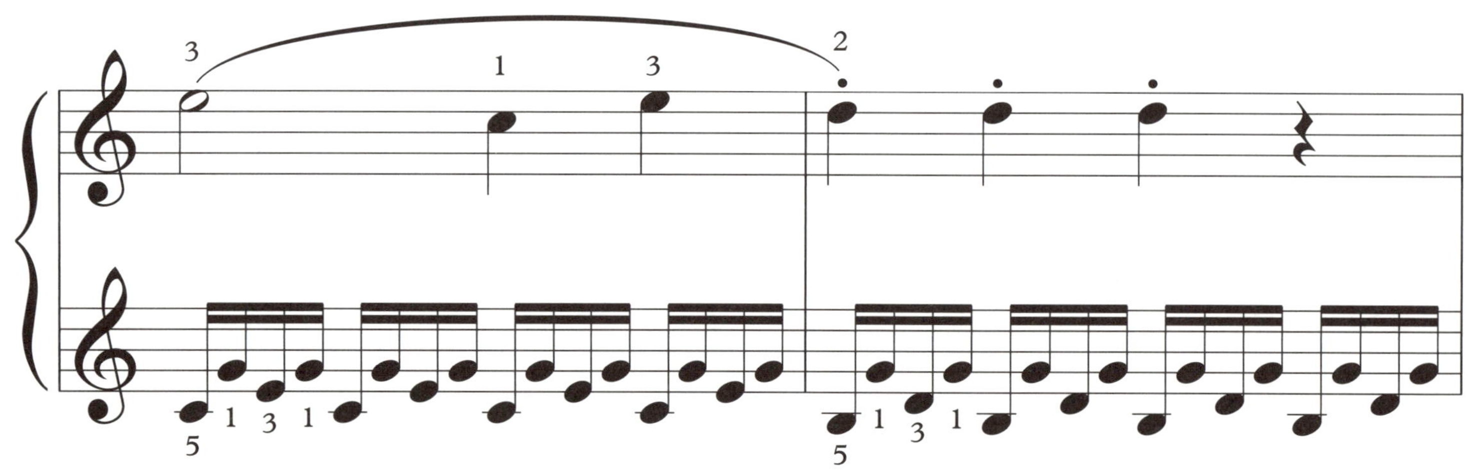

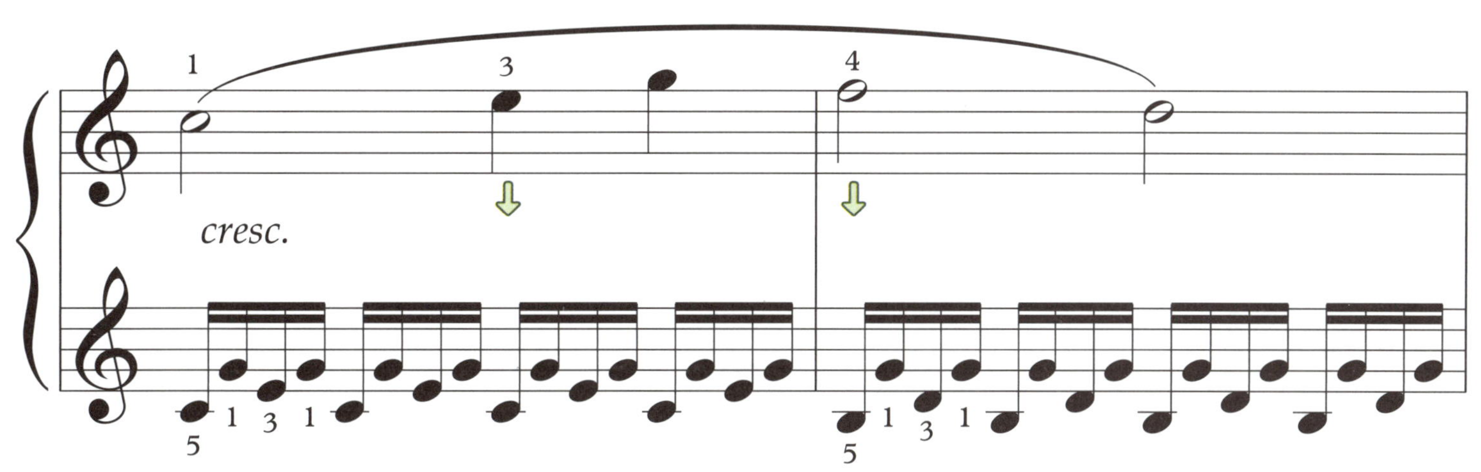

cresc.
1
3
4
5 1 3 1
5

3
5
2
1
5
3
5
2
5
3

왼손 지속음 연습

Czerny Op.823 No.30

Allegretto (조금 빠르게)

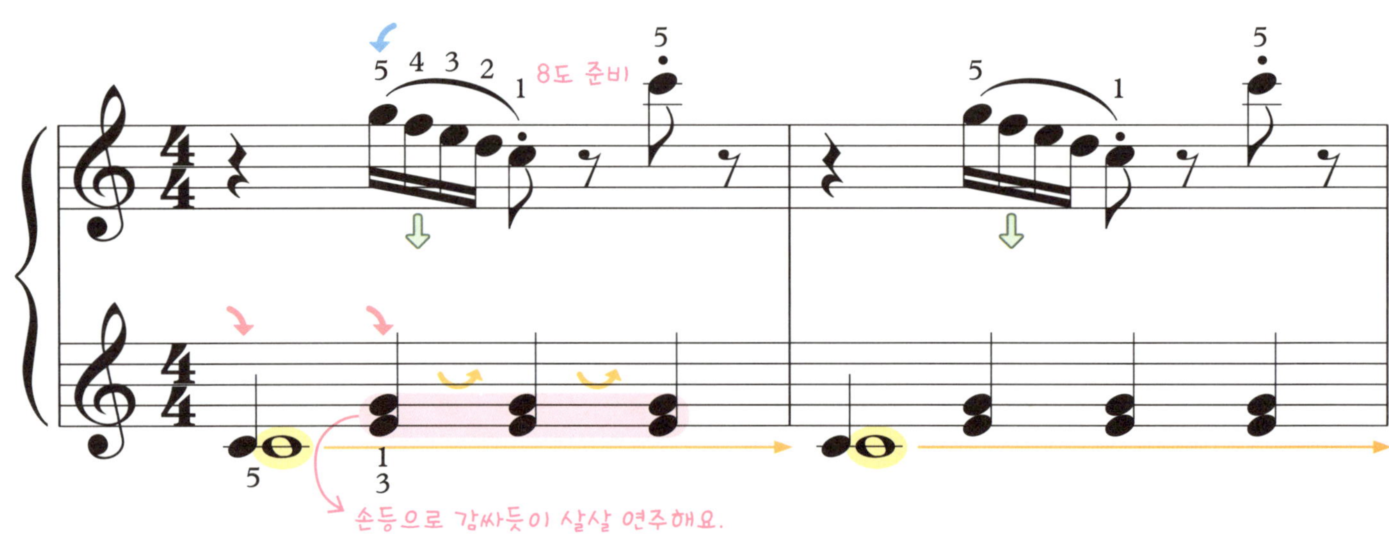

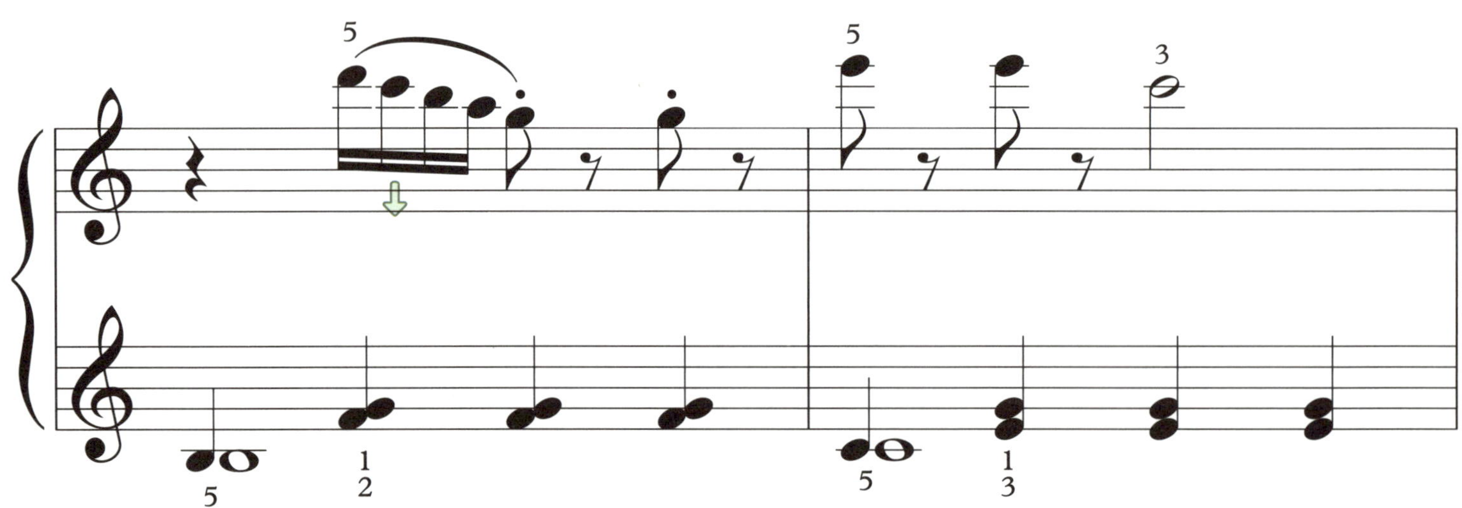

MUSIC BUS
MUSIC BUS
STOP

빠른 음계 레가토 연습

Czerny Op.139 No.19

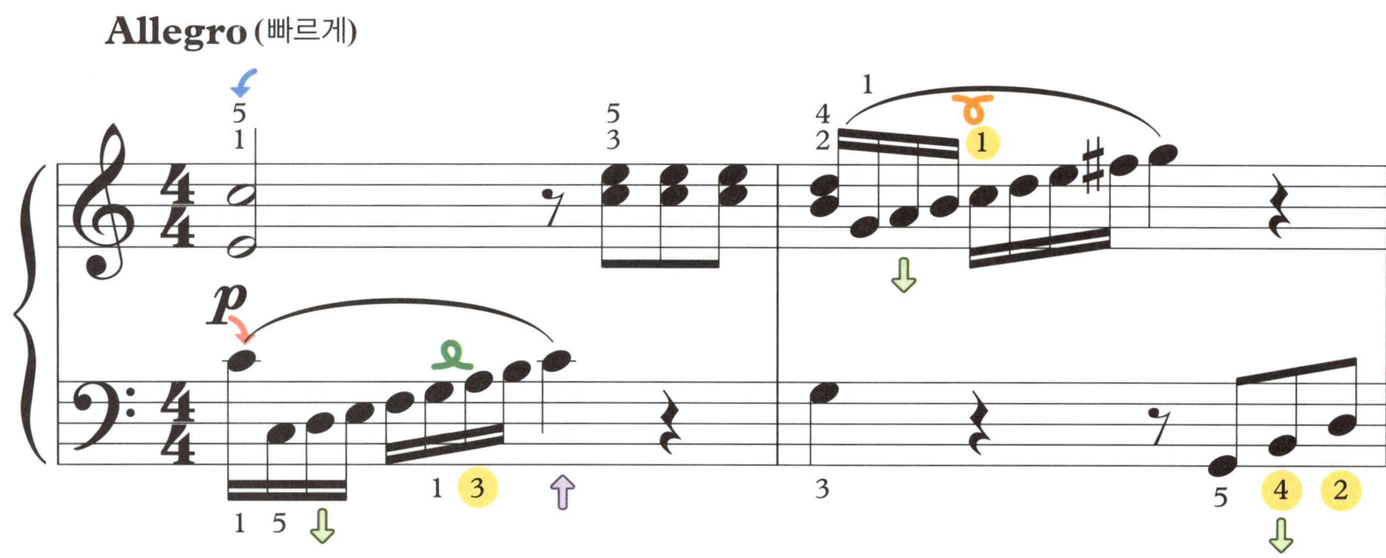

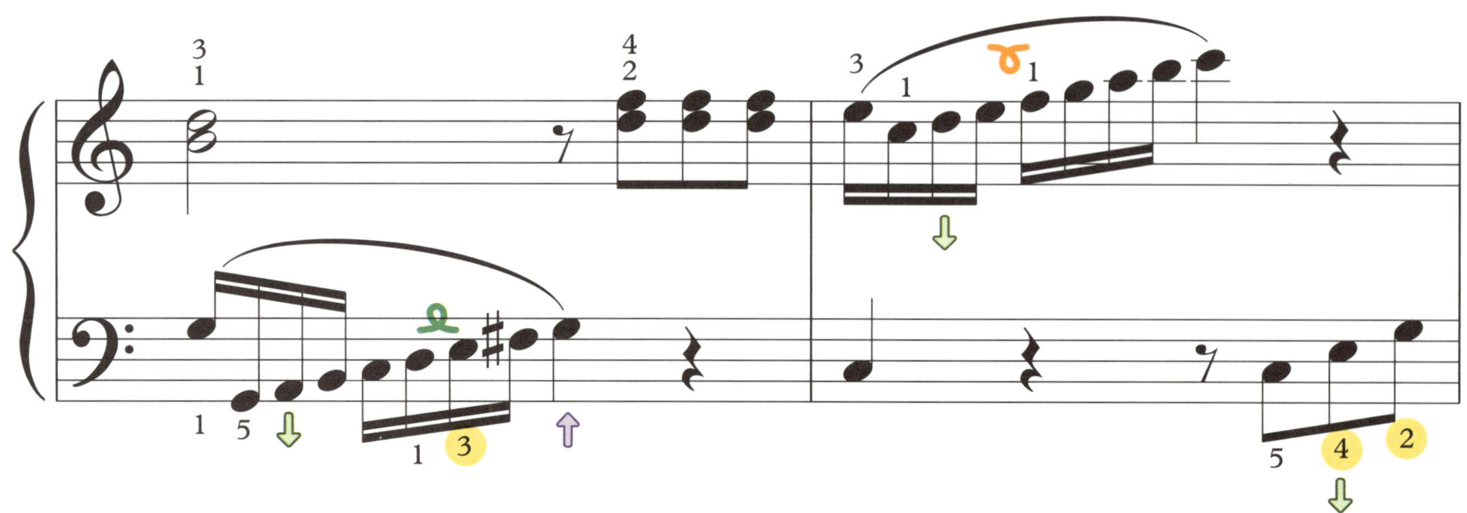

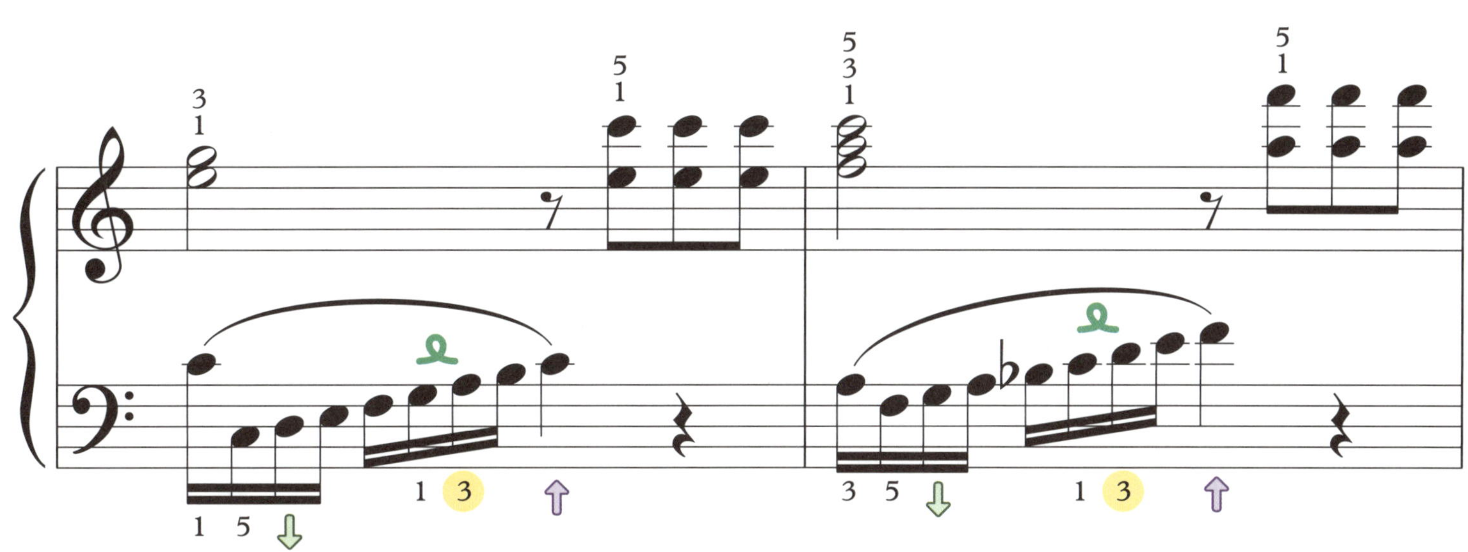

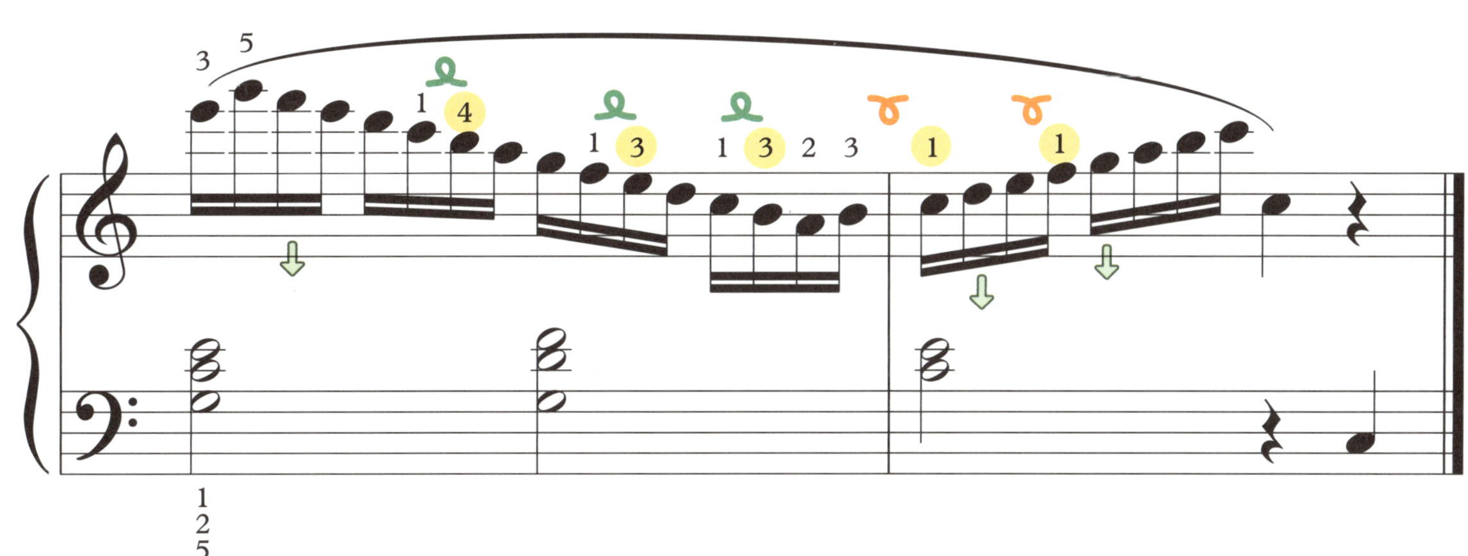

백주희

경북예고 피아노과 졸업
계명대학교 피아노과 졸업
카이스트 음악학원 대표원장
대구카톨릭대학교 산학협력교수
창작예술문화협회 대표
대구음악학원연합회 이사
음악학원운영 컨설턴트

저서

반짝쿵 바이엘 1~3

@kaistmusic

반짝쿵 체르니 100   백주희·최수향 편저

발행인   박현수
발행처   세광음악출판사 | 서울특별시 구로구 벚꽃로76길 27
      Tel. 02)714-0048, 50(내용 문의)   Fax. 02)719-2656
      http://www.sekwangmall.co.kr
공급처   (주)세광아트 Tel. 02)719-2652   Fax. 02)719-2191

총괄 | 강성호
편집 및 교정 | 강효정, 유은재
디자인 | 김태원
제작 | 김상준
마케팅 | 강성호, 윤미희

등록번호   제 3-108호(1953. 2. 12)   **인쇄일**   2025. 2
ISBN   978-89-03-31210-9   93670